THERAPY W

スキルアップ、ビジネスコラボか
4つのEXPOで新たな出会いと発見か

学ぶ！
成長する！

一流講師陣による約60の
特別セミナーと特別講演開催！

手技力アップのセミナーから、アロマ・ハーブ、メディカル、ビューティー、フード、オラクル＆タロットカードまで、約60の講座・講演を開催。2日間にわたり学びの場をご用意します。

主な
講師陣
50音順

浅井隆彦　アネルズあづさ　磯部百香　市野さおり　伊藤麻美　上原健志　大野百合子

小澤智子　小田ゆき　梶 智穂　唐鎌由利亜　川上拓人　小林ケイ　田中玲子　中島由美子

西川眞知子　仁科まさき　野見山文宏　八賀千枝　円山カヲリ　夜久ルミ子　ゆう先生　Yuki

※敬称略　4月25日現在の登壇予定講師

出会う！
広がる！

仕事が見つかる！ 講師・生徒と出会える！
ビジネス・マッチングが実現

セラピスト同士、出展社とセラピスト、サロンとセラピスト、サロンとお客さま、講師と生徒などなど、B to B、B to C、C to Cの、あらゆる出会いの場をご提供します。ビジネスマッチングの機会に、「セラピスト大交流会」をご活用ください！

大交流会
開催！

ら、マッチング、癒しの体験まで できる、セラピーライフスタイル総合展

観る！参加する！

「タイマッサージ大会」「フェムケアゾーン」など新企画も加わりパワーアップ！

NEW

今年は新たに「タイマッサージ日本大会」や「香りで楽しむフェムケアゾーン」「身体を動かすワークショップ」などの新企画を予定！　人気の「オーガニックゾーン」「和精油コーナー」もますます充実！

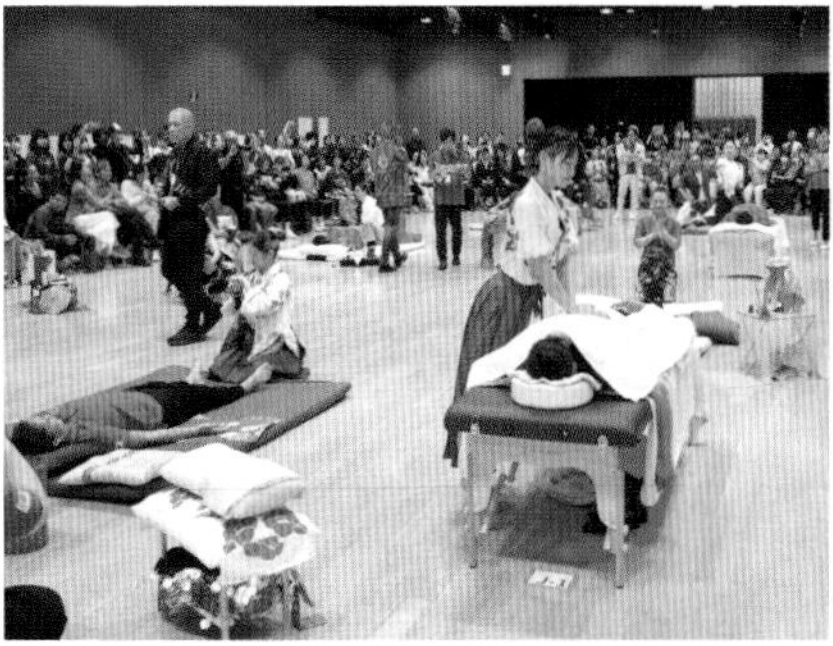

買う！体験する！

新メソッドやセルフケアグッズが見つかる！ショッピング、施術体験、商談etc.

サロンのメニューに加えたい新たなメソッドを探したり、セルフケアのためのアイテムを見つけたり……。お買い物・仕入れだけでなく、施術体験や商談をすることもできます。

セラピーワールド東京2024

会場　**東京都立産業貿易センター浜松町館**
東京都港区海岸1-7-1　東京ポートシティ竹芝

アクセス
- JR 浜松町駅北口から約350m（徒歩5分）
- 東京モノレール浜松町駅北口から約350m（徒歩5分）
- 新交通ゆりかもめ竹芝駅から約100m（徒歩2分）
- 都営浅草線・都営大江戸線大門駅から約450m（徒歩7分）
- 羽田空港から約30分

セラピーワールド東京　検索　https://therapyworld.jp

主催　**「セラピーワールド東京」EXPO事務局**
（株）BABジャパン『セラピスト』内
〒151-0073 東京都渋谷区笹塚1-30-11中村ビル
TEL 03-3469-0135　MAIL expo@bab.co.jp

お友達登録は
コチラから

各種SNSは
コチラから

後援（50音順）　一般社団法人 エステティックグランプリ／JAA 日本アロマコーディネーター協会／特定非営利活動法人 ジャパンハーブソサエティー／一般社団法人 日本アロマセラピー学会
一般社団法人 日本オーガニックコスメ協会／特定非営利活動法人 日本スパ＆ウェルネスツーリズム協会
特定非営利活動法人 日本ホリスティック医学協会／特定非営利活動法人 日本メディカルハーブ協会
一般社団法人 日本リラクゼーション業協会／特定非営利活動法人 ベジプロジェクトジャパン／一般社団法人 和ハーブ協会

HITOGARA BUSINESS

夢と現実に橋をかける人柄ビジネス

幸せ女性起業塾

人柄ビジネスコンサルタント
叶 理恵

BAB JAPAN

はじめに　女性は働き方を7年ごとに見直そう

わたしの横ではいま、生後3か月の赤ちゃんが眠っています。

「この子と一緒にお昼寝してあげたい」

「この子のそばにもっと一緒にいたい」

と、つくづく思います。子どもを産む前までは、こんな気持ちになるなんて思いませんでした。出産直前でさえも想像がつきませんでした。

なぜならわたしは、仕事が大好きだからです。子どもを産んでもこれまでと仕事の仕方は変わらないと思っていました。世界中を飛びまわるのも好きなので、なおさらです。

しかし、子どもを産んだあとで気持ちがガラッと変わりました。「この子の小さい頃はこのときしかないから、もっとそばにいてあげたい」という気持ちが心の底から湧いてきたのです。意外でした。

このような気持ちになって心から思うのが、自分の仕事を創っておいて本当によかったということです。なぜなら、赤ちゃんと一緒にいても自分のペースで働けているからです。どのような状態になったとしても、柔軟に対応することができます。

この本は「人柄ビジネス」で、女性が自宅にいながら、自分らしく幸せに働く方法についてお伝えする本です。

まずは、簡単に自己紹介をさせてください。わたしは35歳まで上場企業で管理職として働いていました。給料の高い都市部在住でない（関西在住）女性の割に、年収は高いほうだったかもしれません。そんな好条件の会社を、２０１０年に退職しました。その理由は、仕事を頑張りすぎて燃え尽きたからです。当時の状況で、子どもを産み育てるというライフプランをイメージすることはできませんでした。

会社を退職したときのわたしは、自分の好きなことがよくわからない「好きなこと不感症」でした。「好きなことを仕事にしたい」と考えていても、漠然としていて、「何が好きなのか」を質問されてもまったく答えられないのです。

以前のわたしは、「働くとは、好きとか嫌いとかで選ぶものではなく、自宅からの距離、お給料、仕事内容、安定しているか、女性でも採用してもらえるか、という条件で選ぶもの」と思っていました。いつも理性的に考えて、感情を感じる心を閉ざして生きていたのです（ただ、自分では心を閉ざしているとは気づいていませんでした）。いま考えると、いちいち心で感じていては、山のようにある仕事量をこなしきれなかったでしょう。また、部下12名をまとめ続けることもできなかったと思います。

会社員時代は、幸いなことに営業成績がよかったので昇進しました。

しかし、心をすり減らし、毎日ヘトヘトになりながら通勤していました。会社に認められるために働いていて、「自分軸」がなく、いつもとても疲れていました。土日は、自宅で寝て過ごす日々が続きました。頑張って稼いだ収入は、ストレス発散のためにむだ遣いをしたり、海外旅行に使ったりしていました。

あれから8年が経ちました。以前は「好きなこと不感症」だったわたしですが、おかげさまで好きなことを仕事にできるようになりました。世界各国（フィジー、フランス、シンガポール、マレーシア、アメリカ、ブラジル、韓国、オーストラリアなど）さまざまな国に住む日本人の女性にコンサルティングを行っています。日本全国に、わたしの会社の商品を買ってくださる人がいます。

会社員のときは毎日疲れ果ててしまうライフスタイルを送っていたわたしでしたが、いまは自分の好きなことが何かわかり、収入を得られる生活になりました。赤ちゃんを育てながら自由に仕事をすることができています。いま、会社員時代の10倍以上の収入を得ています。


ところで、この本を読んでいるあなたは、いま何歳ですか？

突然、年齢のことを聞いてごめんなさい。なぜ、あなたの年齢を聞いたのかというと、女性のあなたに伝えたいことがあるからです。日本の女性は学校卒業後20代で働く人の割合がピークに達し、結婚、出産、育児を経て、いったん仕事を辞める人が多いというデータがあります。40代になると、子育てがひと段落し、仕事を再開する人が多いのです。これをM字カーブと呼びます。

女性のライフスタイルは、年代ごとに異なっているのです。

専業主婦世帯の数が、共働き世帯の2分の1になったとはいえ、女性のライフプランは男性と異なります。もし、あなたが20代や30代前半であれば、いまは独身かもしれないけれど、いつかは結婚するかもしれません。あなたの結婚相手が海外赴任をしたり、転勤族だったりした場合、仕事はどうしましょう。キャリアを途中であきらめてしまうのはもったいないですよね。かといって、大好きな人との結婚を、仕事のためにあきらめるのもどうなのでしょう。悔しいですよね。そう、板挟みです。心から好きになった人がいたら、一緒にいたいと思うのはごく自然な気持ちです。

また、子どもが欲しければ、子どもと仕事の板挟みで悩むときが来るかもしれません。仕事のために子どもを産む時期を迷っていると、子どもが欲しいときに年齢の問題が壁になってくるかもしれません（ちなみにわたしの場合は、このパターンでした）。

いまは健在な親も、いつかは年をとり、介護が必要な時期が来るかもしれません。後悔しないように、親を看取りたいという気持ちが生まれたとしたら、それはごく自然な気持ちです。そのときにあなたが仕事で多くの制約を受け、充分な介護ができないとしたらどうしますか？

結婚している方の場合、いま旦那さんは収入が安定している会社で働いているかもしれません。けれど、旦那さんが解雇されたり、収入が下がったりすることがあったらどうしましょう？　そのときあなたは子どもに不自由をさせたくないと思いますよね。

旦那さんに理不尽なことをされて、離婚したいのにお金のためにあなたの大切な人生を我慢してしまうとしたら、あなたの人生が悲しむかもしれません。子育てで一度仕事を辞めたのに、専業主婦から再就職するのは苦労するでしょう。雇ってもらえてもパートや非正規雇用の仕事しかないとしたら「あのとき会社を辞めなければよかった」と後悔するかもしれません。女性の働き方は多様化したといっても、このように子育てや親、結婚相手の状況（例　転勤族、相性）によって大きく左右されるのです。

仕事か結婚か。仕事か子どもか。なぜ女性であるわたしたちはこのように二者択一で選ぶ生き方しか知らないのでしょう。女性の場合、結婚や出産によって生き方は想定外の人生へとシフトしていきます。そのときにこの本があれば憂いなしです。

東洋医学では女性の身体は7の倍数の年齢で変化するといわれています。しかし、現代は昔よりも、もっと早く変化のピークが来るといわれています。多くの方の女性起業支援をしてきて思います。実際に相談には「35歳、42歳、49歳、55歳」前後の方が多く、今後の仕事を考え直すきっかけがあって来られています。だから、女性の働き方は7年で見直す必要があるのです。40歳を超えると、3年ごとに見直す必要があります。

本書では、「人柄ビジネス」で、あなたがどこに住んでいても、仕事を創り出す方法をお伝えします。そうすれば女性であるあなたも、仕事や家庭で悩むことが減るでしょう。安い給料で家庭と仕事との板挟みになり、キャリアを構築できない自分を責めることもなくなるでしょう。人生の選択肢が格段に増えます。その中から幸せな人生を選べばよいのです。

この本は低リスクで、店舗も借りず、社員も雇わず、簡単に始められる、女性のための「幸せな仕事の創り方」の教科書です。

この本を読んだあなたの人生が幸せになることを祈っています。

幸せな仕事は、自分で創り出せるのです。

contents

Step
03
「あなたから買いたい！」相思相愛のお客さんを引き寄せる

Step
04
幸せに成功している人はパートナーシップが良好

本書にある「ライフミッション」は、一般社団法人ライフミッションコーチ協会の登録商標です。

Step 01 相思相愛！好きを仕事にする「人柄ビジネス」の始め方

「何を買うか」から「誰から買うか」の時代へ

あなたは、こんな経験したことはありませんか？

洋服を買おうと思って入った店の店員さんの接客が感じ悪くて、「ここで買わなくていいか」と思って店から出たこと。もしくは、「ここで買わなくても、ネットで買えばいいか」と思ったり、そのブランドを買うの止めたり、そのブランドのファンを辞めたり……。感じの悪い店員さんがいることで、物やサービスを買うことを止めた経験をお持ちの方はたくさんいるでしょう。

反対に、売り場の店員さんが魅力的な人で、ものだけでなく、精神的にも満たされた経験をしたことがある人もいるのではないでしょうか。満足してお店を出ることができれば、また次回も、**「この人から買いたい！」**と思いますよね。


物があふれている時代といわれて久しい現代、すでに必要なものは足りています。断捨離に注目が集まるのは、その裏返しではないかと思います。昔ほど、物を買う＝幸せではなくなってきているのです。

では、同じものを販売しているA店とB店、どちらかで買うとすると、あなたは何を基準にして店を選びますか？　先にご紹介したように、売り手が魅力的な人であれば、「この人から買いたい！」と思うのではないでしょうか。いまの時代、何か商品を買うときは、

「この人から買いたい！」「好きな人から買いたい」という気持ちが伴っていないと、商品やサービスが売れない時代に突入しているのです。

ものを購入するとき、接客が伴う場合は、会話や対応など売り手の人となりが、購入者の印象を大きく左右します。この「人柄」が表れるサービスが含まれている職業を、わたしは「人柄ビジネス」と名づけました。

「人柄ビジネス」を仕事にしているのは、「あなたから買いたい」といってもらえるサービス、商品を取り扱っている人です。たとえば、整理収納アドバイザー、カラーセラピスト、カウンセラー、コーチ、コンサルタント、占い師、セミナー講師、1人で経営している美容師、自宅サロン経営者、Ｗｅｂデザイナーなど、たくさんあります。販売するものは、「モノ」だけでなく、自宅サロンで提供される「技術」や、カウンセリングやセミナーなどの「ノウハウ」、形のない「サービス」も含みます。

販売されるものそのものの価値だけでなく、「誰が販売するのか」といった部分が重要視されます。つまり、商品、サービスと人柄が密接に結びついたサービスを提供しているビジネスが、人柄ビジネスです。

人柄ビジネスの場合、プライベートのライフスタイルや近況まで情報発信します。そのため親近感が増し、ライフスタイルも含めてファンになってくれます。ファンになる、ライフスタイルに共感する、といっても、芸能人のようにおしゃれな生活をしている必要はありません。あなたの好きなものを「好き！」と発信すると、同じような価値観の人が集まるということです。

だから、**人柄ビジネスでは「あなたのことが好き！」という人がお客さんになります。**あなたの発信している価値観に共感、共鳴し、等身大のあなたを愛してくれる素晴らしいお客さんが自然に集まるのです。あなたもまた、お客さんを大切に思うようになるでしょう。つまり、あなたとお客さんは相思相愛の関係ということです。

たとえば、わたしの場合、人柄ビジネスをしながら妊娠、出産を経験しましたが、これらをすべてお客さんと共有していたため、ご報告後、お祝いのメールをいただきました。

さらにお客さんに悩みを相談したら、親切にいろいろなことを教えてくれます。たとえば、子どもが産まれ、保育園の選び方について情報がなくて悩んでいました。ネットで検索しても、情報量が多すぎて、いまひとつ、よくわかりません。そこで、親しいお客さん5人に「保育園をどのようにして選びましたか」と相談したら、保育園の選び方について親切に詳しく教えてくれたのです。

おそらくこれまでのお客さんと、商品、サービス提供者との関係であれば、商品、サービス提供者がこのように質問したら、「わたしはお客様なのに、何でそのようなことを教えないといけないの」と思われるでしょう。そして提供者側は、何よりも質問すらしてはいけないと思うでしょう。

メルマガやブログを書いて、日本全国、世界中に住むお客さんに自分の好きな価値観を発信します。すると、あなたから商品、サービスを買いたいという人から連絡があるので、仕事が楽しくなります。価値観が似ていて共感してくれる人がお客さんだと、より一層「この人の役に立ちたい」と思いますし、役に立っている実感もあります。

また、人柄ビジネスは、好きなペースで好きな仲間と仕事をすることができます。わたしには現在生後3か月の子どもがいますが、パソコンを使って、自宅で仕事をすることができます。この原稿を書いている今日は平日ですが、母が自宅に来て娘と遊んでくれています。仕事をしている横で、親孝行をしながら、自宅で好きなペースで仕事をすることが可能になりました。

子どもが寝ているときにZOOM（TV会議が可能なWebツール）を活用して、仕事のミーティングをすることもあります。たとえ、子どもが起きてグズっても、ミーティング参加者にはお子さんがいるママさんも多く、理解があるので、仕事は滞りなく進みます。

子どもがいると、どうしても難しい仕事の場合は、ベビーシッターさんにその時間だけ来てもらうこともあります。「人柄ビジネス」は、自ら仕事を創り出していきます。自分で商品をつくって売り、会社員以上に収入を生み出すことができるので、シッターさんを頼むのに遠慮しなくてもいいのです。

そして、何よりわたしにとってうれしいのは、出産後に満員電車に乗らなくてもよいことです。満員電車が苦手なので、通勤時間0時間はむだに体力を消耗しなくてすみ、ありがたいです。ただでさえ産後で体力が奪われているときに、疲れる原因が1つなくなるのです。なんてありがたい仕事の仕方でしょう。一緒に仕事をするメンバーは、東京、名古屋、ニューヨークなどさまざまな場所に住んでいます。


日本には1億人の人口がいます。海外にも日本語を話せる人が住んでいます。**人柄ビジネスでは、あなたの「濃い」ファンが30人くらいいればよいので、自分の好きなことや価値観に共感してくれるお客さんと必ず出会うことができます。**あなたの強みや才能を買いたい人と出会えたら、自分で仕事を創り出すチャンスです。お客さんのお困りごとを解決する新しい商品を生み出し、提案できれば、あなたの強みが価値となり、それが収入となります。

わたしたちはとてもよい時代に生きているのです。

あなたがあたりまえにできることに値段がつく時代

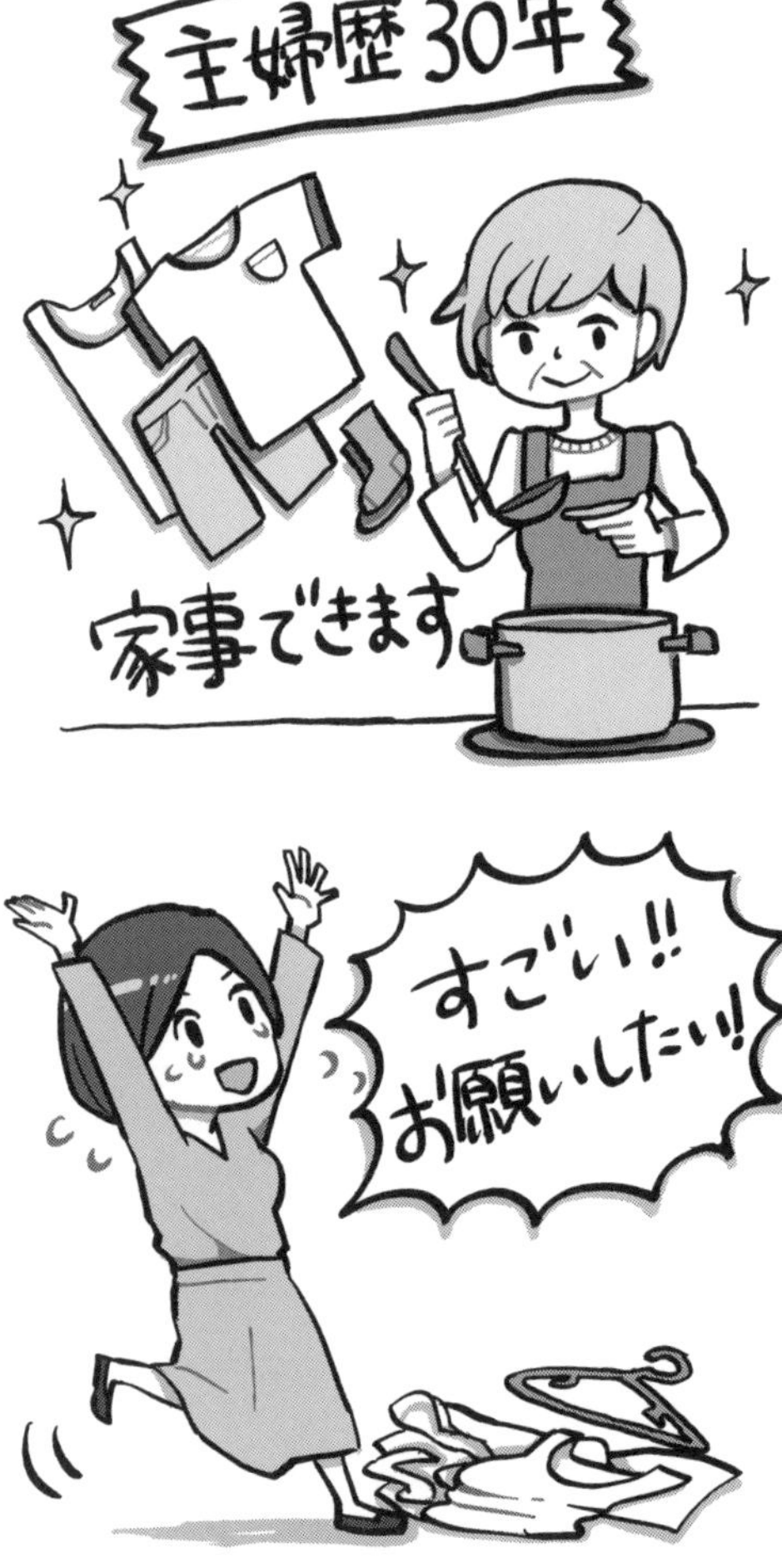
主婦歴30年
家事できます
すごい!!
お願いしたい!!

現在、インターネットが普及して、自分の才能を売りたい人と、それを買いたい人をマッチングするサイトが盛んになっています（例ココナラ、ストアカ、ランサーズなど）。あなたもCMで見たことがあるかもしれません。

わたしは料理があまり得意ではありません。だから仕事が忙しいとき、たまに家事代行の方に依頼することがあります。皆さん口を揃えておっしゃるのが、「わたしは専業主婦しかしてこなかったので、家庭料理しかできないのです」ということです。

けれど、我が家は美味しい家庭料理を家で食べたいと思っているのですが、夫婦ともに時間がなく、料理も得意でないので、自宅に来てくれて家庭料理をつくってくれることにとても価値を感じています。

「専業主婦＝キャリアがない」「家庭料理をつくれる＝誰でもつくれる」と思う人は多いようです。しかし、現に我が家にとっては非常に大きな価値があります。**誰にでも必ずほかの人が評価する「価値」を持っています。大事なのは、自分の価値を高く評価してくれる人を見抜くということです。**

では、どうやったら自分の価値を高く評価してくれる人を見抜くことができるでしょう。それは、あなたがあたりまえに知っている分野の知識をまったく知らない人に、お困りごとリサーチをしてみるとよいのです。

たとえば、わたしは営業をしていて、トップセールスウーマンでした。営業についての本をたくさん読み、営業することについてもメンタルブロックがありません。売り込みもしないのに、自然にお客さんから「それ、欲しいです」といってもらうことができます。起業当初は、このノウハウを欲しいと思う人が世の中にいるとは思いませんでした。ニーズがあるとは思わなかったのです。

どうやってそのニーズがあると知ったかというと、お客さんのお困りごとをリサーチしたときに「そんなこと知りませんよ！」と個人事業主で営業未経験の女性にいわれたからです。「そうか。このようなことを知らないんだ」と思いました。自分ではあたりまえに、息をするのと同じくらい簡単にできることに、実は価値があったのです。

だから、**「自分があたりまえにできること＝価値がない」とは思わないでください。自分があたりまえにできることが、ある人たちのお困りごとであれば、ものすごく価値があるのです。**では、どのようにしたら自分があたりまえにできることに価値がつくのでしょう。

簡単です。リサーチしたらいいのです。次の４つの方法をご紹介しましょう。

①インターネットで同じようなことをしている人がいないか探す

さきほどのマッチングサイトを調べたり、アメブロ、ホームページなどで検索して、お困りごとを解決している人がいないかを探します。同じようなことをしている人がいたら、そこに市場のニーズがあるということなので、ビジネスチャンスがあります。

②知り合いで同じようなことをしている人がいないか探す

わたしの自宅で家事代行をしてくれている方は、娘さん2人を立派に育て上げられた専業主婦の方なのですが、「なぜ、この仕事を始められたのですか？」と質問したところ、娘さんの友だちのママ（ママ友）から紹介してもらったそうです。

「最近、何をしているの？　子どもも大きくなったから暇じゃない？　家で家事をするのもチャチャッとしたら2時間くらいで終わるし、主人も定年退職したし、このままボーッと家にいたら1日があっという間に終わってしまって、このままでいいのかなと思って家事代行を始めたんだけれど、働いているお母さんにとても喜ばれるのよ。とても感謝されるので、楽しくなっちゃって。お小遣い程度のお金だけれど、自宅と趣味のプールの往復で1日が終わるのもどうなんだろうと思っていたし。健康目的でも働けるし。かといって専業主婦しかしていないから、この年でどこかに雇ってもらうといっても難しいし。とっても楽しいわよ！」

という話がきっかけだったそうです。その方いわく、始めたら楽しくて4年続いているとおっしゃっていました。このようにあたりまえに感じていることを価値にして楽しく働いている人は、世の中にたくさん存在するのです。

自分があたりまえにできることに価値が見出される時代に生きているのですから、自分の才能や強みを求めている人が見つけやすいように、自分のできることをリストアップしたメニュー表を用意しておくのは、とても重要なことだと思います。

③同じようなことを仕事にしている人のセミナーに参加して学ぶ

インターネット上で同じような仕事をしている人を見つけたとしても、「あ、この人だからできたんだろうな」「きっと特別な才能があったに違いないだろう」「学歴や資格があってキャリアがある人だろう」と、他人事のように感じてしまい、なかなか自分ごとにはなりません。やっぱり直接会ってはじめて、「こういうことも仕事になるんだ」と実感できるということがあります。

実際に、世の中にはいろいろなお困りごとを解決している人がいます。会社員のときには、自分がしている仕事について、「いかにまわりの人よりも優秀になるか」「会社の評価してくれる査定に近づけるか」ということしか考えていませんでした（実際にわたしがそうだったのです）。しかし、世の中に出てみると、いろいろな商品やサービスを提供している人がいて、いろいろなお困りごとを解決していることを知りました。

さまざまな人に出会うことによって「世の中にはいろいろなお困りごとがあるんだな」ということを知ることができますし、自分があたりまえにできることが、どのように仕事として成り立つのかも参考になると思います。

④「人柄ビジネス」のスタートアップ期のサポートをしているプロに学ぶ

自分にとってあたりまえのことを価値に変えた事例を数多く知っている人は、世の中のお困りごとにも詳しいのです。あなたの参考になる情報を多く持ち、経験年数も長いので、質問したらすぐに解決することが多いです。

家事代行の方が料理するのを横で見ていると、料理の苦手なわたしにちょっとしたコツなどを教えてくれます。クックパッドやクラシルではわからない主婦の知恵を、むだな時間を費やすことなく、調べる手間なしに得られます。やはり、その道のプロに聞くのはおすすめです。

人柄ビジネスでは失敗も あなたの「魅力」になる

ひと昔前「ブランディングをしよう」という言葉が流行りました。初心者であるにもかかわらず「何でもできます」と完璧な自分を装って、非の打ちどころのない神様のようなプロフィールや実績を書いて、心はどこか無理をしながら自分アピールをします。

わたしは心の中で「神様ブランディング」「厚化粧ブランディング」「カツラブランディング」と呼んでいました。カツラの方、ごめんなさい！　たとえカツラをつけてハゲを一生懸命隠しながら、「髪の毛ふさふさなのですよ！」と装っても、どこか違和感を感じるのはわたしだけではないはずです（ハゲているのが悪いわけではないのですよ）。

そういうわたしも隠したい恥ずかしい過去があります。それは、先述した「燃え尽きて会社を辞めた過去」です。

わたしが会社を辞めた当時は、「ブランディング」というのが流行していたので、初心者で何もなかった自分を「よりすごく見せよう」と、肩肘張ってブランディングを熱心に学んでいました。しかし、会社を辞めたばかりのわたしには誇れる実績が何もないような気がしたのです。もちろん、会社員時代の実績はありました。しかし、燃え尽きて会社を辞めたので、どこか引け目があったのだと思います。だから、会社員時代の実績を正々堂々と語ることに、遠慮がありました。定年まで立派に勤め上げたわけでもないわたしが、「神様ブランディングは無理！」と、どうしてもできなかったのです。だから、はじめから等身大の自分で情報発信をしました。

漫画の世界でも、鉄腕アトムまでは非のうちどころのないキャラクターが主人公でした。しかしその後、「ドラえもん」の主人公のび太は、すぐドラえもんに頼るダメな男の子だし、「巨人の星」は実家が貧乏です。「スラムダンク」では、主人公の桜木花道は、ツッパリの不良で、マネージャーがかわいかったからという不純な動機でバスケット部に入部します（のちにバスケットの魅力にはまっていくのですが）。「ドラゴンボール」の主人公の悟空は、最初はあまり強くなかったのに、物語を追うごとに成長していきます。

このように「人柄ビジネス」でも、漫画の主人公のように、**等身大の自分で成長していく姿を発信していったらいいのではないか**と考えたのです。


等身大の自分で働く働き方は、うまくいっていました。しかし3年経った頃、大切なお客さんに何か大事なことを話していないような感覚がありました。「神様ブランディング」はしていませんが、会社を燃え尽きて辞めたことは、話をしていなかったのです。

なぜ話をしなかったのか？　自分を飾るような見せ方はしていなかったのですが、あえて失敗のように思っている過去を話す必要があるのだろうかと思ったからです。過剰な演出はしていないものの、マイナスと思われることを話すと、たった3年ですが、積み上げてきた小さな実績も、お客さんも、すべてなくなってしまう気がしました。

しかし、その隠していた過去を打ち明けようと思ったのです。それは、わたしの講座の受講生さんが「理恵さんだから、できるんでしょ」といって、講座で教えたことを実践してくれなかったことがきっかけです。

当時のわたしは、「人柄ビジネス」幸せ女性起業塾という塾を主宰していました。どのようにしたら人柄ビジネスで女性が家庭と仕事を両立しながら起業できるかというノウハウを紹介していたのです。インターネットでお客さんと出会う方法や、商品のつくり方をお伝えしていました。また、自分がうまくいった成功体験を受講生さんたちと分かち合っていたのです。しかし、受講生さんがそのノウハウを行動に移してくれなくてとても困っていました。**どんなノウハウでも、行動してくれなかったら成果は出ません。**

「わたしも最初からできたわけではなく、小さな実践から地道に繰り返していまがあるんですよ」とお伝えしても、「理恵さんだから、できるのですよね」といわれます。悩みに悩んで、会社員時代のハードワークをしていた話、中間管理職になってから部下12名をうまく導けなくて、燃え尽きて会社を辞めたこと、それから起業して小さなことでもメンターにいわれたことは素直に実践してきたこと。失敗しながら繰り返し地味なことでも行動に移してきたことなど、失敗談を交えながら3年間のストーリーを公開することにしたのです。さすがに不特定多数の人が読むブログに書く勇気がなかったので、メルマガの読者さん限定に配信したのです。

とはいえ、実際に公開しようとすると、なかなか文章も進みません。嫌われてしまうかも、と思ったからです。夏の暑い時期にマクドナルドにノートパソコンを持って行って原稿を書き、自転車でモスバーガーに行って原稿を書き、「何で、こんなカッコ悪いことを書かないといけないんだろう。トホホ……」という気持ちで、文章を書きました。

本音は、カッコいい姿だけを見せる「神様ブランディング」をしたいなぁ、と心の中では思っていたんです。けれど、「理恵さんだから、できるのですよね」という人にも、人生を変えてもらいたい。あなたの才能を分かち合えば誰かの役に立つ、インターネットで情報発信して、あなたの価値をわかりやすく伝え、お客さんに喜んでもらった対価として、あなたの才能はお金に換金されるんだよ、ということを知ってもらいたい。

「動き出せば、日本だけでなく、世界中のお客さんがあなたに集まる！」という感動的な体験をしてもらいたかったのです。まだ見ぬ誰かの役に立って、自信を持ってもらいたかったのです。

だったら、恥をさらけ出すことくらい何だっていうのだろう。漫画の主人公たちからだって、チャレンジする背中、成長しつづける姿を見せてもらって勇気をもらっているじゃないか。

ええい！　どうなってもいい！　わたしも小さなスモールステップから始めたことを受講生さんにも知ってもらおう。特別なわたしだから可能だったわけではなくて、小さなことから積み重ねてきたこと、会社を燃え尽きて辞めたことも含めて知ってもらおう。

そう思い直し、文章を配信したのです。


結果、どうなったかというと、勇気をもらいました、というメールがメールBOXを埋め尽くしていたのです。「理恵さんだから、できたんでしょ」という人はいなくなりました。「理恵さんでもできたのだから、わたしにもできる。だから、1つずつやっていく」という人がまわりに集まってきたのです。

わたしが伝えたかったのは、まさにそういうことでした。「勇気を持って配信してよかった」と、涙した出来事でした。**無理をして完璧な自分に見せることではなくて、等身大の自分を発信すると、その人となりを理解してくれる人がいて、誰かの共感を生み、その人の魅力になるのだということを実感しました。**

「人柄ビジネスをする」ということは、**「自分になること」**です。人柄ビジネスの魅力は、その人の体験を他人と分かち合い、自分になることが自然にできていくことなのです。

「何をしたいかわからない」人も
すでに答えを持っている！

「わたし、いったい何で起業したらよいのでしょう？」

この質問を、女性起業支援をしてたくさん聞いてきました。もしあなたが起業支援コンサルタントだったら、何と答えるでしょうか。

「あなたは、パン屋をやったらいいよ！」

「いまの時代は、セミナー講師になったらいいよ」

「あなたの場合は、優しいし、人の話を聞くのが上手だから、カウンセラーだね」

「手先が器用だからネイリストだね」

「占い師がいいんじゃない」

という回答をしてくる人がいたら、どのように思いますか？

「自分がなりたい！」と思わなかったら、その意見は全く聞かないでしょう（笑）。

わたしは会社員時代、業界トップの医療系人材紹介の会社で、転職コンサルタントとして毎日4、5人以上の「仕事を辞めたい！」を聞いてきました。毎日毎日飽きもせず、1年間でおよそ1000人以上の仕事の悩みを聞いてきた経験から思うのは、**「答えは自分で持っている」**ので、アドバイスは不要ということです。

「あなたはこの会社に転職したらいいよ」と回答しようものなら、コンサルティングは100パーセント成功しません。アドバイスしたその会社に転職する人は1人もいません。

なぜなら、自分の人生は、皆自分で決めたいからです。転職コンサルタントの仕事は「相手の話を聞くこと」が9割を占めます。相手が何を思っているのか。安心、安全、ポジティブな状態をつくって、聞くことから始まります。

「この度は、転職会社にご登録いただきましてありがとうございました。このサイトにご登録いただいたということは、いまの仕事で何かご不満なことがあるのでしょうか？」の質問を皮切りに、「なぜ、転職したいのですか？」「そのようなことがあったのですね」「それはたいへんでしたね」「でしたら、次の職場は、このようなところがいいですよね」「ほかにはもっとありますか」「何でもおっしゃってくださいね」と、まだ言語になっていない、相手の心の奥に潜んでいる言葉を確認していきます。

転職コンサルタントは「転職したい」という人が、なぜ転職したいのか、質問から明らかにする職業です。このときにアドバイスする人は、コンサルタント失格だと思ってもらってかまいません。

そう、賢いあなたなら答えはもうわかりますね。「わたし、いったい何で起業したらよいのでしょう？」という質問に答えられるのは、地球上であなたしかいません。

わたしも起業初期のときはこの質問をされても、さっぱり答えられませんでした。では、どうしたら答えられるようになるのでしょう。

その答えは簡単です。自分が何をしたいのか。**「内面ホリホリ」**したらいいのです。**内面ホリホリとは、自分の内面を掘って探ることをいいます。**

たとえばこんなことです。

・いまの仕事で何がいやなのか
・なぜ仕事を辞めたいと思ったのか
・5年後、どのような未来があなたにやってきたら神様に感謝したいのか
・なぜ、働き続けたいのか。どのような職業なら、働きたいと思うのか
・次はどのような職場環境がいいのか
・家庭と仕事とどのくらいのバランスで働きたいのか
・収入はどれだけ欲しいのか

徹底的に掘っていくのです。掘ると見つかります。もしかしたらすぐには答えられないかもしれません。

でも、安心してください。すぐに答えられなくても、この質問で脳に杭が打たれ、あなたの潜在意識が考え続けてくれます。**これをコーチングといいます。これが1つ目の方法**

です。

2つ目の方法は、「参考情報をリサーチする」ことです。これは、あなたのお子さんが大人から職業を聞かれたときに知っている職業が、警察官、保母さん、野球選手、サッカー選手、歌手、アイドルなら、そのように答えるのと同じです。いまならユーチューバー(Youtuber)と答えるかもしれません。

もし、お父さんが公務員なら、公務員と答える子どもも多いのです。なぜ、このような職業を答える子どもがいるのかというと、子どもは、親や親戚、テレビに出ている職業、これまで出会った大人たちの職業を答える傾向にあるからです。つまり、子どもが接する職業は少ないので、テレビか、ユーチューブ、子どもが生きている中で知っている職業を答えるのです。ちなみにわたしも「保母さん」と、小学校文集で書いていました。それは、保母さんか小学校の先生しか女性の職業を知らなかったからです。

あなたのご両親が会社員であれば「起業した人」を見たことがない可能性があります。わたしの父親は東証一部の大企業の会社員でした。兄も会社員。親戚も会社員ばかりです。祖父母は農家です。母親は専業主婦だったので、女性が起業するイメージなんてありませんでした。叔母は働いていましたが、教師と公務員でした。だから、うちの家では「女の子は学校の先生になったらいい」と母親はよくいっていました。

あなたがいままでのキャリアを活かして、家庭と仕事を両立し、子育てをしながら起業したいなら、まずインターネットで起業している人のブログを検索してみたり、メルマガに登録したり、本屋さんで起業本の類《たぐい》を探してみることをおすすめします。**あなたの参考になりそうな人の「情報リサーチ」をするのです。**あなたはある日「あ、この人みたいなことをしたい」と思う人に出会います。最初は、5人くらいそのような人を見つけるとよいでしょう。何か真似できることがあれば、さっそく行動してみるのもよいです。
ひょっとしたら、あなたのやりたい方向性が決まってきそうなタイミングで、「どうせわたしには無理かもしれない」「あの人は特別な人だからできたのだ」と、モヤモヤした気持ちが湧いてくるかもしれません。仕事が忙しくなることもよくあることです。
わたしは、それを「神様からのお試し」と呼んでいます。「本当に理想の働き方を実現したいの？」「止めておいたほうが、やればできるって希望を残せるから幸せだよ」と心の声がささやきます。そのときにあなたの夢を叶える魔法の質問があります。

「あなたの夢をあきらめて」っていわれたらどうする？

この質問にNOなら、あなたには何かにチャレンジする使命がきっとあるのです。**自分らしく働くために、あなたはあなたの心に素直になることから始めてみましょう。**

「好きなこと」なのに続かない女性は、〇〇を100個以上書き出す

好きなことを仕事にして、相思相愛のお客さんとおつき合いする人柄ビジネスを始めるようになると、それだけで幸せを感じるため、**精神的報酬**をいただいている状態になります。

精神的報酬とは、会社からもらえるお給料やボーナスのような**「金銭的報酬」**という報酬に対して、仕事を通じて得られるやりがいや充実感のことです。

好きなことを仕事にすると、それをやっているだけで楽しいので、その仕事をしているだけで心が満たされてしまいやすいのです。そのうえお給料までもらえるなんてどうしましょう、と思う人はとても多いのです。

いままで「人柄ビジネス」の幸せ女性起業支援をしてきて思います。好きなこと＝「精神的報酬」を得られる仕事を提供する＋その対価としての年間報酬「金銭的報酬」をもらう。そうすると、いままで「お給料は我慢してもらうもの」「仕事とは燃え尽きてしまうくらいハードワークで辛いもの」「家庭や子どもを犠牲にして、自分を押し殺して我慢して働くもの」という思い込みがあった人は、好きなことをしているだけで精神的報酬を得られているので、そのうえプラスで金銭的報酬まであったとしたら、実質的な報酬は、2倍になるのです。

わたしも会社員時代、「働いてお金を得る」ということは、とてもたいへんだという考え方が染みついていました。「お金＝我慢料」というふうに思っていたのです。

わたしの父親は、生命保険会社の社員だったのですが、父は仕事に充実感を感じていた一方で、会社から課された毎月のノルマやいやな上司やお客さんなどの人間関係で、ストレスを溜めていたと、幼い頃感じていました。そのストレスを家庭（＝母親）に吐き出すこともありました。それがとてもいやだったのですが、いざ自分が社会に出てみると、まわりに気を遣わないといけないし、会社で働くとはとてもしんどいことだと感じる機会もあり、父の気持ちがとても理解できました。

同様に思っている人は多いのではないでしょうか。そして、好きなことを仕事にすると、まわりに対してへんな遠慮や罪悪感が生まれてきました。それは、とても不思議な気持ちでした（いまでもたまに感じることがあります）。わたしの生徒さんたちも、同じような気持ちになる女性はとても多かったのです。

「好きなことを仕事にできているだけで幸せなので……」と、お客さんからお金をもらうことに抵抗感がある女性は圧倒的に多いのです。

好きなことを仕事にすると、まわりへの罪悪感や遠慮が出てきます。加えて、**女性はお金を稼ぎたい、という動機があまり強くないのです。**

お金を稼ぐというとあなたにはどのようなイメージがあるでしょうか。

わたしも母親から実際にいわれていたことですが、「女性が収入をたくさん得たら、離婚をしてしまう（既婚者の場合）」「女性が収入を得たら、かわいげがなくなるからモテなくなる（独身者の場合）」と思っている人は、日本の女性に圧倒的に多いのです。なぜなら、女性は収入＝モテと連動していないからです。

男性は、収入が高い＝モテになるので、この心理的抵抗が少ない傾向にあります。女性の起業に関するメンタルブロックは、特有のものだと感じます。

好きなことを仕事にしてお金を稼ぐとは、女性にとって重要なことではありますが、男性ほど緊急なことではありません。日本は失業率があまり高くはないので、お金に困ったとしてもパートや派遣で働けば、なんとか食べていくことはできます。

英語学習でも、来週海外出張があって、英語で海外の企業の人に急遽プレゼンをしないといけないというような場合や、会社の中で英語を話すことが義務づけられたというような緊急性の高い場合であれば、英語を覚えられる可能性が高くなります。

それは緊急度も重要度も高いからです。英語をしゃべれたら何となくカッコイイという理由だけでは、英語学習のモチベーションは続かないのです。ダイエットもそれと同じで、結婚式前の花嫁さんがダイエットに一番成功するといわれています。

「好きなことを仕事にする」「相思相愛のお客さんとおつき合いする」「会社員時代のお給料以上の収入を得る」というのも、重要なことではあるのですが、女性にとって緊急性はあまり高くはないのです。

旦那さんのお給料を超えてまで、「お金を稼ごう！」という人も少ないですし、お金を稼ぐことがモチベーションになっている人も少ないということが、多くの女性たちを教えていてわかったことです。

旦那さんに収入があってお金に困っていない場合は、「わたしは好きなことができているので、これ以上お金はいりません」という女性が、とても多いのです。

「好きなことを仕事にする」「相思相愛のお客さんとおつき合いする」といった場合、講座の受講生さんでも報酬の受け取りに対するお金のブロックが外せなくなります。好きなことを仕事にしているから精神的に満たされ、お客さんにもとても感謝され、そのうえ好きな人とだけおつき合いできるので、精神的な報酬を含めると、仕事の報酬が約2、3倍になるからなのです。

さらに、自分が変化したら「まわりのママ友に何ていったらいいのかしら」「わたし1人だけ豊かになっていいのかしら」「『あの人だけズルイ』っていわれるのかな」「会社の同期や先輩はわたしのこと何ていうだろう」「上司は、わたしのこと、きっと軽蔑するに違いない」……と罪悪感が湧いてきます。女性は難しく考え出すと、結局「お金を稼がなくてもいいや」と、すべてがいやになって途中であきらめてしまう人も多いのです。

であれば、**どのようにすれば「好きなことを仕事にする」モチベーションは続くのでしょうか。**どうすればあなたの夢が実現できるでしょうか。

まずは、**いま目の前にあるいやなことを１００個くらい書き出してください。**殴り書きでもいいです。実際には、１００個もないかもしれませんが、いやなことを書き出すうちに、ふつふつと沸き出してくる怒りにも似た気持ちが、行動するモチベーションに変わってくるのを感じるでしょう。

実現したい夢も１００個書き出すのが理想ですが、「あったらいいな」くらいの夢だとお金を稼ぐ強い動機にならないので、途中で挫折してしまいます。それよりも、いやなことは避けたいので、それらを書き出して、その怒りに似たエネルギーを活用するほうが、行動するモチベーションになります。

「好きなこと」が仕事にならない人の3つの特徴とは？

「好きなことを仕事にしたい」と思っている人は世の中にたくさんいると思います。

でも、「好きなことを仕事にできている人」はそんなに多くはないかもしれません。さらに、「好きなことを仕事にできていて、かつ納得できる報酬を得ている人」となると、グッと人数が減ってしまいます。

「自分のまわりにいる5人の平均年収が、自分の平均年収」といわれています。納得のいく報酬を得られている人がまわりにいない場合は、「朱に交われば赤くなる」ではないですが、あなたも納得いく報酬を得られていない可能性があります。

好きなことを仕事にできている人が身近にいる方は、その人が納得した報酬を得られているかというのをチェックしてみましょう。

というのも、そうでもないケースも、人柄ビジネスの場合はあるからです。

なぜ、そのようになるかというと、次の3つの理由があげられます。

①好きなことを仕事にできていて、かつ納得した報酬を得られている人を知らない
②具体的な成功のステップを教えてもらっていない（直感に従ってなどの抽象的な表現が多いため、再現性の高い具体的な方法を教えてもらっていない）
③自分の好きなことを最優先にした結果、お金を支払うお客さんのお困りごとをリサー

チしていないので、言語化できていない

好きなことを仕事にし、かつ納得できる報酬を得ている人は、なぜ少ないのでしょう。

会社に勤めているときやアルバイトをしているときは、決められた時間に、決められた仕事をしたら収入が得られます。だから、学校で算数を習っても、ビジネスで、「いくらの商品を何個売れば欲しい収入が得られるのか」を考える機会がありません。

自分の価値を適切に伝える表現力や、お客さんのお困りごとにアプローチした商品を自分で生み出すということは、高校では教えてくれません。自分の強みを活かして仕事をするという概念自体が、まだ新しいものです。

さらにインターネットでの集客も、スマホの普及したこの10年くらいの時代の変化の中で、実現可能になってきた働き方です。学校の先生や親からも習っていない人がほとんどです。

男性の会社経営者は、女性の会社経営者より圧倒的に多いです。自分が決定権を持ち、やりがいを感じながら仕事をしている男性経営者も多いのです。そのため、ロールモデルを探しやすいでしょう。経営セミナーもたくさん存在します。

女性の場合、会社員、派遣社員、アルバイト、パート、専業主婦など、働き方や生き方が、実にさまざまです。しかし、自分で仕事を生み出して働いている人を見たことがなければ、そのような生き方を選択することは難しくて当然といえます。

好きなことを仕事にできている人を見たことがなければ、具体的なイメージが湧かなくて当然です。また好きなことを仕事にするための具体的なノウハウを知らなければ、どのようにして納得のいく報酬を得るのかがわからないでしょう。相談するメンターがいなければ、挫折しやすいこともあるでしょう。

「自分はこうしたい！」という想いが強すぎると、お客さんのお困りごとをリサーチしていないケースがあります。バランス感覚は大事です。あまり自分にばかりベクトルを向けすぎると、夜も眠れないくらいのお困りごと＝お金を支払ってまで解決したいことを商品にするという視点を見落としてしまいます。

お金を支払うのはお客さんなのですから、お客さんが夜も眠れないくらい困っていることにアプローチする必要があるのです。

Step 02
あなたのことが好きでたまらない「モテ層」とは?

あなたの「ファン」を探そう

ビジネスを始めようとするとき一番悩むのは、「誰を顧客にしたらいいのか？」ということではないでしょうか。

「誰を対象にするかって？　もちろん、サービス、商品を買いたい人すべて」と答える女性は少なくありません。その気持ち、とてもよくわかります。たしかに買ってくれるすべての人がお客さんになってくれたら幸せですよね。しかし、その考え方ではあなたとお客さんが相思相愛になる「人柄ビジネス」には育っていかないのです。

なぜなら、あなたは全国にいる人のお困りごとを、すべて解決することはできないからです。


実は、わたしがビジネスに成功したのは、「モテ層」を対象にしたからです。**「モテ層」とは、あなたのことが好きで好きでたまらない、あなたのファン層（顧客）です。**アロママッサージや、セラピーなど、あなたの得意なことがあって、それを求めている人があなたの「モテ層」になります。

「人柄ビジネス」は、あなたの「モテ層」に対してビジネスをするのがおすすめです。そうすると、うまくビジネスが立ち上がりますよ、とお伝えしています。

「モテ層」をわかりやすくお伝えしますね。

ＡＫＢ48のモテ層は、秋葉原のオタク（オタクという呼び方がいいかどうかわかりませんが）です。彼らがコアなファンです。ＡＫＢ48よりも歌がうまい歌手はたくさんいます。またＡＫＢより美人でスタイルのいいアイドルもたくさんいるでしょう。ではなぜ、ＡＫＢ48がこんなに応援されているのでしょうか。

それは、ＡＫＢ48ファンは、ＡＫＢ48のメンバーたちが一生懸命夢に取り組んでいる姿勢に共感しているからです。「会いにいけるアイドル」として、いつも身近に感じながら、彼女たちの成長し続ける姿を見て、応援しようというファンが集まっているのです。

同様に、あなたが仮面を被らなくても、等身大でありのままのあなたの生き方に共感する人がいれば、その人たちはいまのあなたのことを好きになります。そして、あなたのまわりに集まってきます。

はじめは不完全でも、そのときどきの最高値のサービスを提供し、日々進化していく姿を見せて、サービスに昇華させていけばよいのです。**お客さんは「完璧なあなた」を求めているわけではありません。**

ローラがユーチューブを始めていますが、ローラのフレンドリーすぎる「タメ口」が功を奏しています。ユーザーとの距離の近さが、ユーチューブの強みです。ローラの飾らない、誰にでも平等なパーソナリティーは、まるで友だちから話しかけられるような親近感があります。

あなたの顧客が法人（大企業・中小企業）であれば別ですが、個人のお客さんを対象にする人柄ビジネスであれば、あなたのキャラクターも強みの1つになりうるのです。しかも、**つくったキャラクターではなく、等身大の人柄があなたの強みになります。**

だから、人柄ビジネス初心者のあなたは、まず「モテ層」にアプローチすると成功します。「モテ層」は、あなたのことが好きだし、あなたに対して好意的なので、「あなたから買いたい」と思ってくれやすいですし、あなたの成長を温かく見守ってくれます。

現代は、物を買って所有することだけに幸福感を覚える時代ではありません。**物を買うときの販売者とのやり取りも、幸福を感じる重要なポイント**となります。「何を買うのか」よりも「誰から買うのか」というのがとても大事になってくるのです。

だから、ビジネスをスタートするときには、あなたの強みを必要としているモテ層から始めましょう。あなたができることを求めていない人、つまりモテ層ではない人に強みをPRしても、モテません。そのうち自信を失っていきます。

自信と同時に「自分らしさ」も見失っていきます。仮面をかぶって取り繕ったあなたでお客さんとおつき合いしないといけないとしたら、まるで「好かれたい」と彼の前で猫をかぶっておつき合いしているような関係と同じです。自分を飾ることに疲れてしまいます。

等身大の自分が好きといってくれる人なら、無理に自分を飾らなくてよいので、精神的にも楽です。


ここで質問です。

「モテ層」はどこに、どのくらいの割合で存在するのでしょうか。

わたし自身の経験、お客さんのケースなどを見ると、だいたい、100人に1人の割合程度です。たとえば500人に発信したとして、5人からオファーがあるということです。高校時代の2クラスか3クラスの人数がいたら、あなたのことが好きな人が1人存在します。「え？　100人もいて1人しかいないの。そんなの少なすぎない？」と思ったかもしれません。

しかし、安心してください。日本の人口は1億人いますので、100人中1人だとしたら、100万人の人が「モテ層」になります。**100人中1人の確率でも、充分「人柄ビジネス」を行っていけます。**

さらにいうなら、「人柄ビジネス」で起業するときに、あなたが「濃いおつき合い」ができるお客さんは、年間だいたい30人ほどです。法人がモテ層のときは、おつき合いできる対象は5社から最大15社でしょう。なぜなら、「人柄ビジネス」は、社員も雇わないビジネスモデルなので、モテ層1人に使える時間には限りがあるからです。モテすぎはうれしいことではありますが、毎月1000人の人が来ても、対応しきれないですよね。

「なんだー、30人でいいのか」と思えば、少しは気が楽になりませんか。

「モテ層」とは、あなたの人柄を含めたサービス、商品のファンになってくれる層のことです。人柄以外に、あなたのお客さんのお困りごとを解決できる人であることが大切になってきます。

たとえば、担当してくれた美容師さんの人柄がいくらよくても、カットの技術が最悪で毎回かわいくないぐちゃぐちゃの髪形にされたら、次はその美容師さんを指名しないですよね。だから、**人柄に加えて、あなたのできること、才能、強み、スキルを棚卸しして、それを求めている「モテ層」を探し当てていく**のです。そして、その「モテ層」のお困りごとを解決していくサービス商品を提供すれば、自然に商品が売れていきます。

次は、どのようにしてあなたのモテ層を見つけていけばよいのか。モテ層の見つけ方についてお伝えしていきますね。

モテ層で人柄ビジネスの成功が10割決まる！

右のイラストを見てください。モテ層は、3つの要素から成り立っています。自分の実績とは、自分があたりまえにできることです。市場のニーズとは、お困りごとを指します。好きなこと、ワクワクとは、あなたがそれをするとワクワクしてくるくらい好きなことです。

あなたが人柄ビジネスをこれから始める場合、まずは自分の実績と市場ニーズがうまくマッチングすることを探しましょう。ここがあなたのモテ層です。

しかし、**もしモテ層の判断を間違うと、「モテ層のいる場所」も「モテ層への告白方法」も違うので、SNSの情報発信もむだに終わる可能性があります。**これくらいモテ層の見極めは大事なのです。であれば、なおさら、モテ層を見つけたいと思いますよね。

では、モテ層の見つけ方をお伝えします。モテ層の見つけ方には、約10通りの方法があります。特に、まだ人柄ビジネスを始めていない方は、このように見つけるのがおすすめです。

①人間関係で自然にモテてきた層から見つける
②ライフミッション(78ページ)、情熱があることから見つける
③あなたがお金と時間をかけて取り組んできたことから見つける

④履歴書、職務経歴書、過去のキャリアの中から見つける
⑤強み診断、占い、ストレングスファインダーから見つける(強みの中にヒントがあります)
⑥「教えてほしい」と人からいわれたことから見つける
⑦過去の自分(Before→After 過去の自分が深く悩んでいたけれど、現在はお悩みが解決された分野)から見つける
⑧現在伸びている市場から見つける
⑨現在人口構成でボリュームのある層から見つける
⑩ライバル・競合がいる分野で売れている分野から見つける

①は、過去自分が多く契約を結ぶ、仕事を多くしてきた層など、どのような層と仕事をしてうまくいったのかを考えます。わたしは前職で新築分譲マンションの営業をしていたのですが、契約に至った多くは、女性のお客さんでした。
②は、わたしの場合、過去の自分のような女性が幸せに働けるにはどうしたらいいだろうと考えるのがとても好きです。前職も転職コンサルタントをしていたため、女性が仕事を見つけるサポートがとても好きでした。
③は、わたしは小さい頃から「人はどうしたら幸せになるのだろう」ということに興

味や関心が高く、大人になっても「幸せになるにはどうしたらいいだろう」ということが書かれている本を購入し、読んでいました。

あなたの興味のあること、趣味でもよいでしょう。**あなたがずっと興味を持って、そこに費やした時間や費用が多いほど、ほかの人は持っていない情報を持っていたり、人のお悩みを解決できる技術や知識がある可能性が高い**です。
④で、わたしの場合、前職はどちらもコンサルティング営業をしていました。人のお悩み相談にのることを生業としていました。あなたは過去、どのような仕事をしてきましたか？　販売、接客など、自分が長く関わってきた仕事、または得意としてきた仕事を考えてみてください。
⑤は、あなたが会社員であれば、評価されてきたことなどが強みとして考えられると思います。占いでも、あなたのよいところ、得意とするところなどを告げられた際、納得がいけば、強みとして考えてよいと思います。『さぁ、才能《じぶん》に目覚めよう　新版　ストレングス・ファインダー2.0』（トム・ラス著　古屋博子訳　日本経済新聞出版社）という書籍で、自分の強みを見つけることもできます。
⑥は、**あなたにはあたりまえと感じられて、普通にできるのに、ほかの人にはできないこと、まわりから「すごい！」といわれたことなどはありますか？**　わたしは、自分が本を読んで

試したことの結果や、実際に経験したセミナー参加体験のレポートなどを見せるととても喜ばれました。だから、何かを伝えるということが向いていると思いました。
⑦同じ悩みを持っていた人には、あなたの体験、解決法を知らせると、とても喜ばれます。
わたしの場合は、運気アップの本を読み漁って運がよくなった経験から（当時本屋で読んだことのない運気アップの本はなかったほどでした）、自分が試して運気アップに効果的だと思った15の方法を公開し、たいへん喜ばれました。
⑧は、あなたの興味のある分野について、雑誌やネットなどで情報収集してみるとよいでしょう。その動向を注意深く観察してみて、動きのあるところでビジネスを展開するとよいのです。わたしがビジネスをスタートした２０１０年当時はいまほど伸びていなかったのですが、わたしのように幸せに働きたいという女性は増えるだろうと予測しました。
⑨は、わたしの場合は団塊ジュニア世代で、日本の人口ピラミッドを見ると、この年代のボリュームが多いことがわかります。人口が多いということは、ビジネスチャンスがあるということです。
⑩は、当時、わたしのように起業しようという人はまだ少なかったのですが、きっと起業する女性が増えるだろうと予測しました。そのため、わたしの「当初のモテ層（仮）」

は、個人の起業したい女性と設定しました。（仮）とつけたのは、変わっていく可能性もあるからです。「モテ層（仮）」のほうが、余白があっていいなと思ったので、そのようにしました。

モテ層は時代や、あなたのお困りごと解決能力の向上によって変化していきます。最初は、「モテ層（仮）」でよいのです。黒ひげ危機一髪というおもちゃのように、あたりやすい場所をこの辺かなと探します。そのときは、おそらくこの辺が売れやすいだろうというあたりでよいのです（仮説と呼びます）。日本人は完璧主義なところがありますが、**この「モテ層」については、最初はあたりをつけ、宝探しのような気持ちで見つけていきましょう。**

なお、もし、あなたがすでに「人柄ビジネス」をスタートしていて、お客さんがいる場合は、もう１つ項目が追加になります。
⑪商品の売上ベスト５は何ですか？　上位10名の購入商品と金額を一覧にします。そうするとあなたのサービス、商品を買ってくれている人に共通項があることに気づくでしょう。それがあなたの「モテ層」となります。

ビジネスがうまくいかない女性はモテ層に出会えていない

モテ層が、ビジネスの成功の10割を決めるのであれば、なぜ、モテ層を対象に人柄ビジネスを行わないのか、次のことが考えられます。

①モテ層という概念を知らない

知らなければモテ層を探しようがないですね。

②モテ層がどのくらい重要か理解していない

日本人は職人的な発想が多いですから、技術を向上させれば自然にお客さんが口コミをしてくれると思っているところがあります。あなたが自分の生活の中で、積極的に口コミをするお店ってどのくらいありますか? おそらく毎日が忙しくて「あのお店を口コミしよう」とか「あの人のサービスを誰かに会ったとき、いつも推薦してあげよう」と思う機会ってそんなにないですよね。毎日忙しくて、自分のお困りごとで精一杯で、そこまで余裕はないと思います。

口コミというのは、あなたの商品サービスを何回も購入してくれたお客さんの中で、数パーセントの人がしてくれるものなのです。だから、**好きなことを仕事にする場合は、商品、サービス提供者のあなたがセールスやマーケティングを行わないと、基本的には宣伝や**

営業をしてくれる人はいないと思ってください。

とはいえ、会社員しかやっていないと、そのあたりはわからなくて当然です。そして、モテ層によって、どこに宣伝、広告したらいいのかの戦略が変わってきます。

SNSの発信媒体もフェイスブックを選んだらよいのか。インスタグラムを選んだらよいのか。ブログを選んだらよいのか。LINE@《アット》を選んだらよいのか。新聞広告、地域広告、タウン誌など、何を選んだらよいのかが変わってくるのです。

モテ層という概念が、人柄ビジネスをするうえでとても重要だということがわかったら、とる行動が変わってきます。うまくいくと人気者になるので、自分のセルフイメージもアップします。

これから人柄ビジネスで働きたい人はモテ層は肝だと認識してくださいね。

③最初からおつき合いするお客さんを選り好みし過ぎてしまう

「好きなことを仕事にしたい」と思う人にとって、はまりやすい罠の1つです。

最初から「あの人はいやだ」というふうに選り好みをせず、柔軟な気持ちで「モテ層」の可能性を探ってください。あなたの過去の強みや才能、過去の経験や経歴を高くで買ってくれる人がいます。その人をお客さんにしてまず実績と自信を積み重ねてみましょう。

モテ層の定義

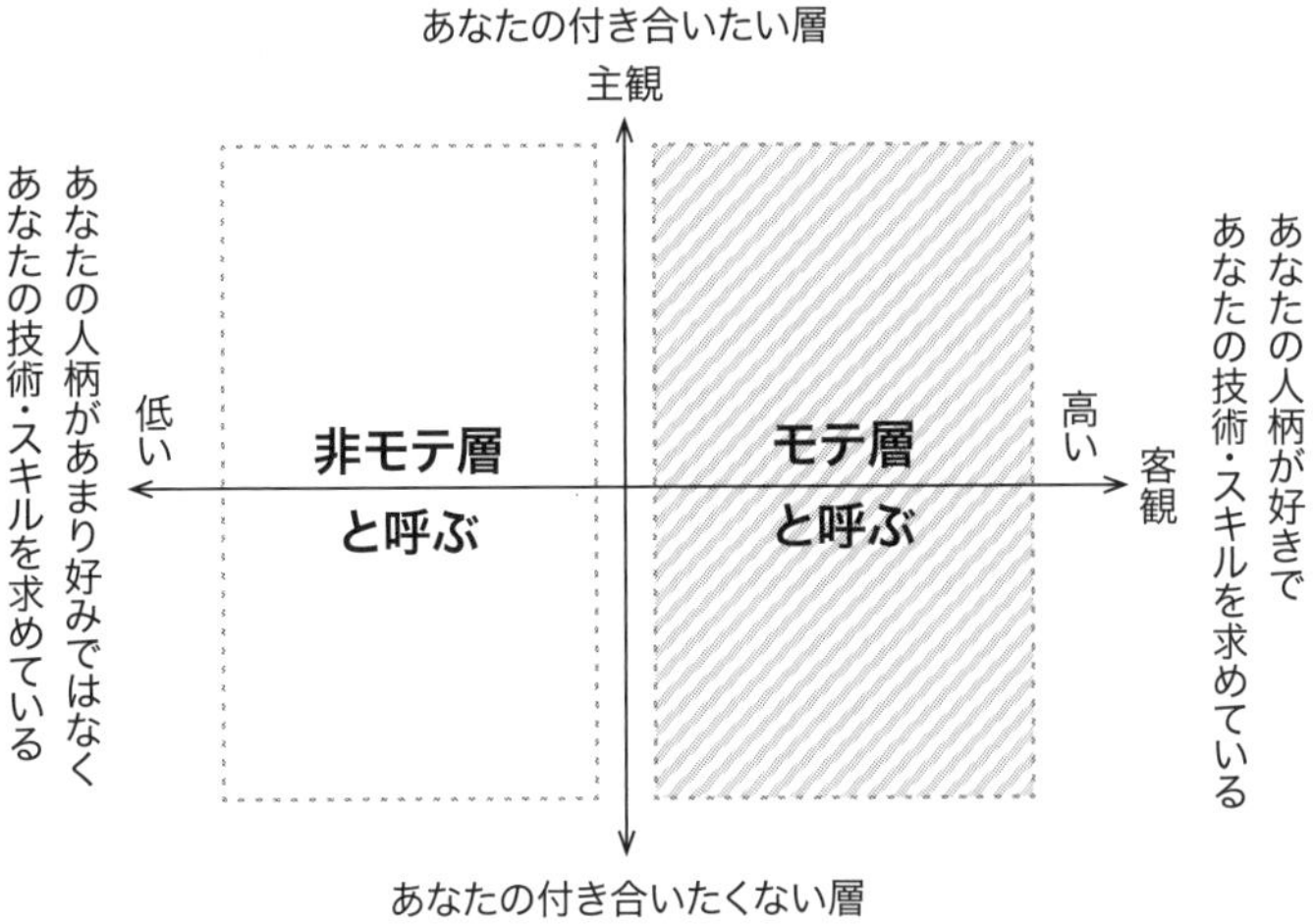
あなたの付き合いたい層
主観
あなたの人柄があまり好みではなく
あなたの技術・スキルを求めている
低い
非モテ層
と呼ぶ
モテ層
と呼ぶ
高い
客観
あなたの人柄が好きで
あなたの技術・スキルを求めている
あなたの付き合いたくない層

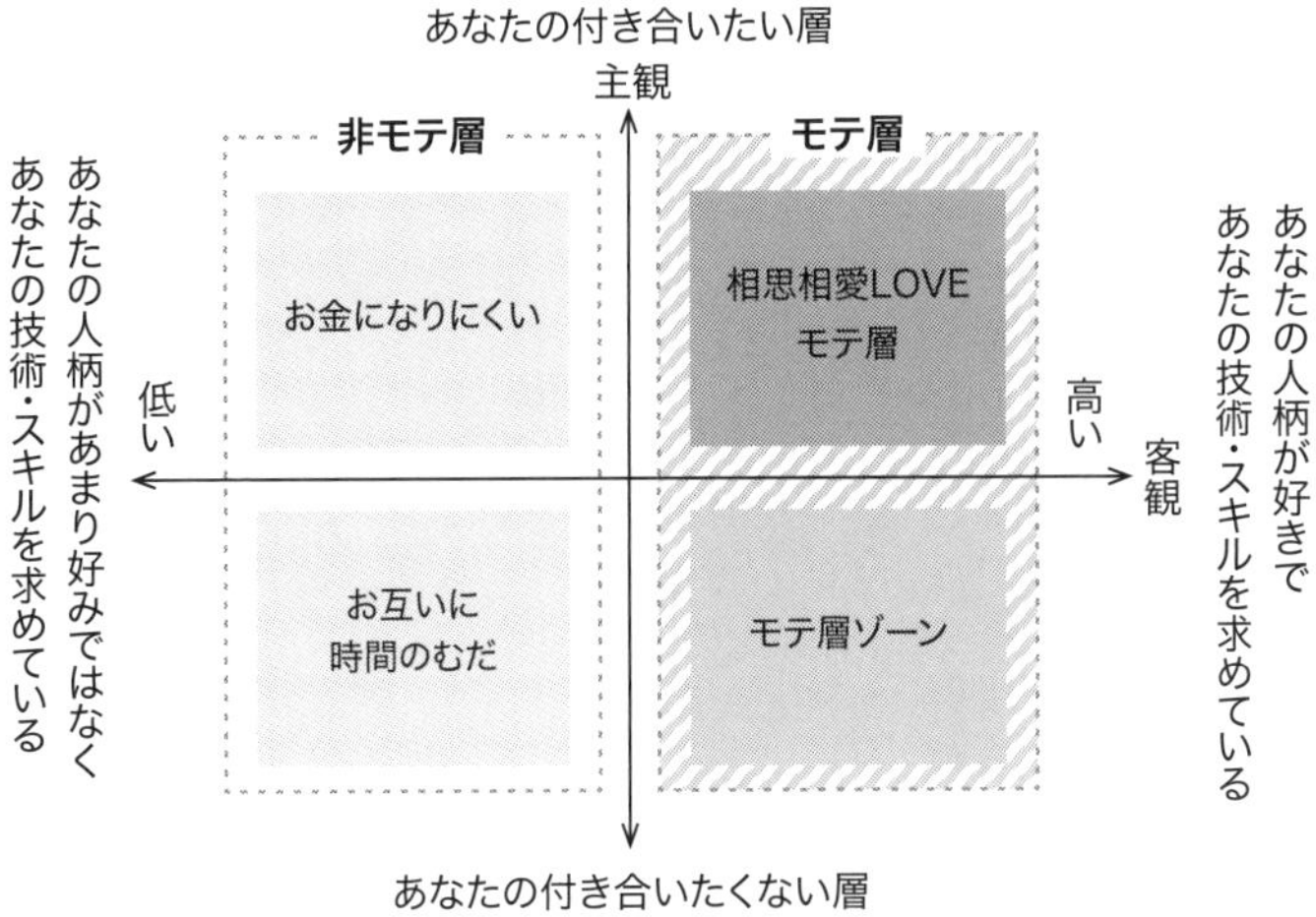
あなたの付き合いたい層
主観
非モテ層
モテ層
あなたの人柄があまり好みではなく
あなたの技術・スキルを求めている
お金になりにくい
相思相愛LOVE
モテ層
低い
高い
客観
お互いに
時間のむだ
モテ層ゾーン
あなたの人柄が好きで
あなたの技術・スキルを求めている
あなたの付き合いたくない層

あなたがモテ層に商品、サービスを販売して、モテてモテて仕方がない状態になったとき、「相思相愛LOVEモテ層ゾーン」を対象にビジネスをされるのをおすすめします。

しかし、あなたがあなたのモテ層からモテているからといって、あなたがそのモテ層のことを大好きかと問われれば、もしかしたら違うケースもあるかもしれません。先ほどのAKB48の話でいえば、ファンはAKBの推しメン（ファンのメンバー）のことが大好きでも、彼女の好みは、そうとは限らない、ということです。

「わたしはもっとこのような人を対象にしたいのよ！」と思う部分があるかもしれません。お金に余裕があって、ビジネスが軌道にのるまで時間がかかってもかまわない、あくまで趣味で人柄ビジネスを行いたい、という場合は、それでもよいでしょう。

しかし商品が売れないと、「わたしは、この世の中に求められていないのかな」とネガティブな気持ちになり、特にビジネスのスタート時期は心が折れやすくなります。だから、あなたが顧客対象にしたいと考える人にこだわらず、多くの人と会ってみて、商品やサービスを提供し、「お客様の声」をいただくというのが重要になってくるのです。

あなたが通っている美容室に、新人美容師さんが入ってきたとしましょう。「このお客さんは、好みじゃない」「このお客さんは対応できない」と、お客さんの選り好みをしていたとしたら、あなたはどのように思いますか。

新人美容師さんのときに積んでおく経験ができなくなりますよね。だから、最初から「相思相愛LOVEモテ層ゾーン」を選びすぎると、誰ともおつき合いできなくなる可能性があるのです。

もちろん、つき合いたくない人と無理しておつき合いをする必要はありませんが、あなたの人柄が好きで、あなたの技術、経験などを求めている人、つまりモテ層があなたを求めているのであれば、ぜひお役に立ってほしいのです。

お客さんの選り好みばかりをしていると、なかなか経験、実績が積み上がっていかないので、あなたの理想の夢が叶うスピードが遅くなってしまいます。

このあとに詳しい話をしますが、「人柄ビジネス」で好きなことを仕事にする場合、「経験と実績」を積むことが、あなたの信用財産になります。最初は、あなたの好みのお客さんであるかどうかは二の次にして、モテ層から「人柄ビジネス」をスタートさせてみてください。

スタートは誰でも「アジアの怪しい両替所」

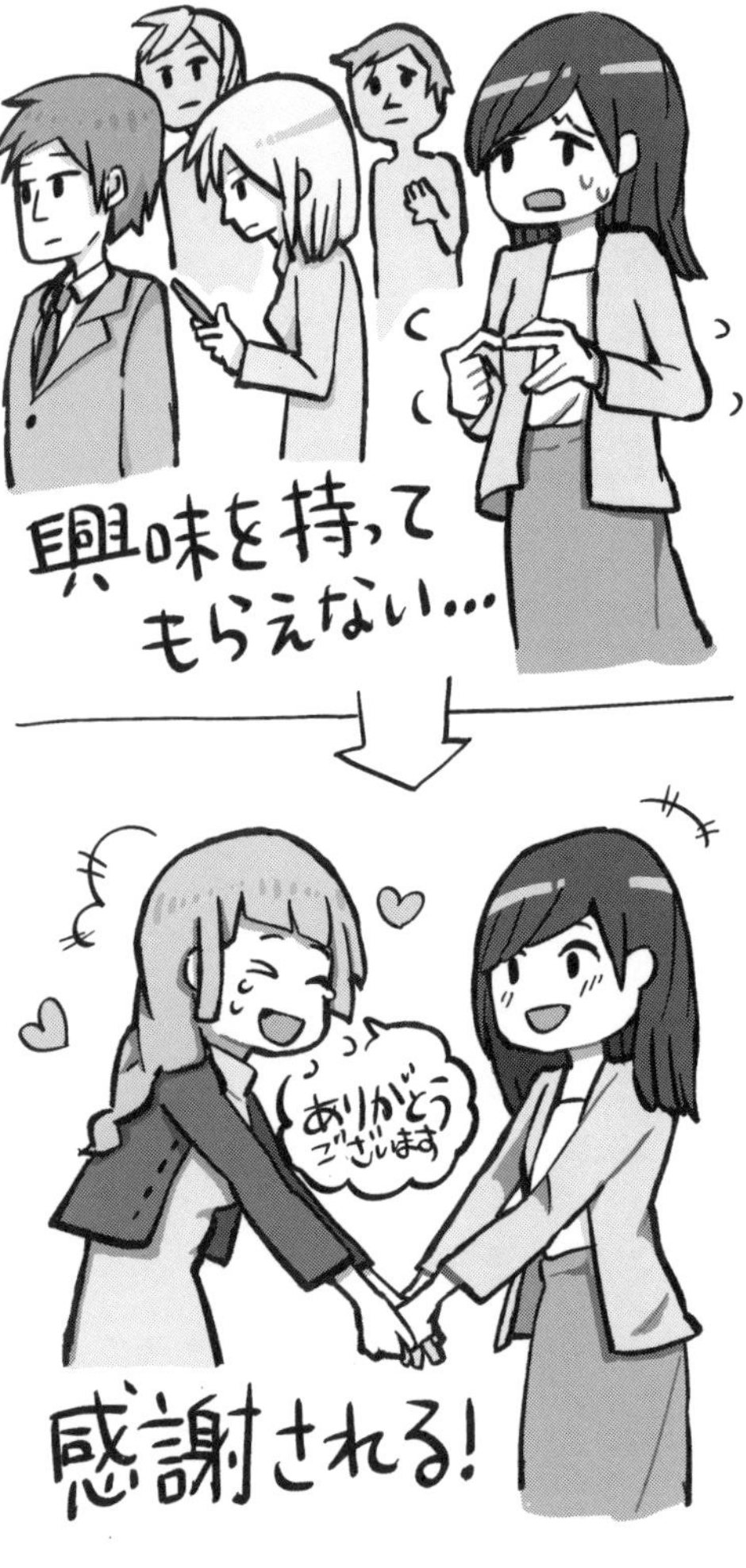
興味を持ってもらえない…
ありがとうございます
感謝される!

旅好きのわたしは、起業するときのヴィジョンを「旅をしながら、幸せに起業する」と掲げていました。実際起業してからは、海外を旅しながら人柄ビジネスを行ってきました。中でもアジア諸国は年に3~5回は行っています。

アジアを旅すると必ず目にするのが、怪しげな両替所。看板もなく、古ぼけた店構え、レートも掲げられていない、うさんくさいところです。警戒心の強い日本人は、絶対に入ろうとは思わないでしょう。だって、どんな商売をされるかわからないですから。


起業したばかりのわたしたちも、同様に思われていることに気づいていますか? あなたを知らない人は、あなたとの信頼関係も構築できていないし、あなたの売っているサービスや商品に対して、「本当に効果が出るのか」「購入して損はしないのか」と思っています。

わたしは、人柄ビジネスを始めて間もない状態を、**「アジアの怪しい両替所」**と呼んでいます。誰でも最初はそうで、もちろんわたしも、最初はそのように思われていました。

アジアの怪しい両替所と同じくらい、**あなたはまだ何者かわからない状態**なのです。もちろん、前職の会社の同僚や上司や部下など、あなたの仕事ぶりを知っている人たちは、あなたが怪しいことをするなんて思っていないし、あなたが誠実であることは知っています。あなたの家族や友人もそうですね。あなたのことが好きで、信頼してくれているので、まっとうなビジネスをしていると信じてくれているでしょう。

けれど、あなたのことをインターネットの検索でたまたま見つけた人は、あなたがどのような人なのかわからないので、あなたの売っている商品やサービスが本当によいものなのか心配になっています。つまり、あなたがどれだけ「この商品やサービスはいいですよ！」と伝えても、「わたしは安心できる人ですよ」と伝えても、怪しく感じているのです。その人にとって、あなたはアジアの怪しい両替所なので、「お姉さん、イチバン安いレートで両替するよ！」と声をかけられても、空港や銀行、ホテルのロビーで両替をするのと同じように、情報発信したからといって購入してはくれません。

では、どのようにしたら、あなたの好きなことを形にした商品、サービスを購入してくれるのでしょうか？


実は、最強の効果を発揮するものがあります。それは、「お客様の声」です。たとえば近所に、アロママッサージをしてくれる自宅サロンを2軒見つけたとき、アロママッサージを受けたお客様の声が、1人しかない店と、100人の店があったら、どちらに予約をしますか？ ……いわずもがなですよね。

どのようにして「お客様の声」を集めたかというと、わたしの商品、サービスに興味がある友人がいたので、その友人に電話をかけて「よかったら、安く提供するので、受けてみない?」と提案しました。以前、その友人から「どのようにしたらそのようなことができたの?」と質問を受けたことがあったからです。

56ページで書いた、⑥「教えてほしい」と人からいわれたことをそのまま実践したのです。友人だったということもありますし、その商品、サービスについて利用したことがある人は1名もいなかったので、高い価格で提供するには心理的抵抗がありました。なので、「アジアの怪しい両替所だから、仕方ないよね。ここからスタートだ!」と、最初は実績を積むことにエネルギーを注いでいました。

もし、当時のわたしに、いまのわたしが声をかけてあげられるとしたら「1年目はお金を稼ぐな! アジアの怪しい両替所からスタートなのだから、最初からもうけを考えるよりも、自分の経験値を上げること。お客様の声を何名もいただくこと。選り好みせず、『モテ層』のお困りごとを解決することに注力したらいいよ」と声をかけるでしょう。

人柄ビジネスをスタートした初期の頃は、わたしもこのあたりのことはよくわかっていませんでした。「『お客様の声』がない商品は売れないだろうな」と漠然と感じていた程度です。でも、その考えは正解だったと思います。

なぜそう感じていたかというと、元営業ウーマンだった会社員時代、お客様に商品を販売するとき必ず聞かれる質問があったからです。

「その商品、サービスは売れているのか」

「他の購入者がいたのか。その人たちは何といっているのか」

「本当に安心できる商品、サービスなのか」

「会社の実績は？」

ということです。法人対法人（B to B）のビジネスをしているときは、会社の実績があるので、会社は設立何年目でこのような事業をしていて、このような実績があります、と輝かしい取引実績を紹介できるのですが、いまの自分は、取引実績がゼロです。

だから、「この商品をまだ買ったことない人に買ってもらうこと」に、大きな心理的なブロックがあったことを覚えています。まず実績を先につくろう、利用したお客さんの声をブログに掲載しようと最初から思っていました。

わたしたちがレストランに食べに行くときも、食べログなどで検索して評価を見ますよね。海外旅行でホテルを選ぶときも評価のスコアを確認しますね。

スマホが普及してから「評価システム」がいろんなサイトで充実してきました。

子どもが生まれてから利用している、「キッズライン」という民間企業の託児サービスでベビーシッターさんを選ぶときも、そのシッターさんが過去ほかのご家庭にベビーシッターをした実績や、利用した「お客様の声」などをやっぱり確認します。「お客様の声（評価）」がない人は怖くて、かわいい我が子を預けることはできないですね（たとえ、自宅にママである自分がいたとしても）。何かあったらいやだなと思うと、冒険はできません。**「失敗したくない」と思うお客さんは、世の中に多い**と思います。

「人柄ビジネス」をスタートする場合は、最初の時期は、「アジアの怪しい両替所」と思って（補足しますが、あなたは決して怪しくないのですよ。ただ、知らない人からしたら、そのように思う人がいるということです）、信用財産を積み重ねることを最重要に考えることをおすすめします。**信用財産というのは、「お客様の声」や「プロフィール」「過去実績」などをブログやホームページなどに掲載していくことで、可視化されます。**知らない人があなたのブログやホームページを見たときに「あ、この商品はこのような人に買ってもらって、こんなに喜ばれているんだ！」という様子が伝わります。そうすると、あなたの商品、サービスへのお申し込みにつながります。

まずは「モテ層（仮）」から始める

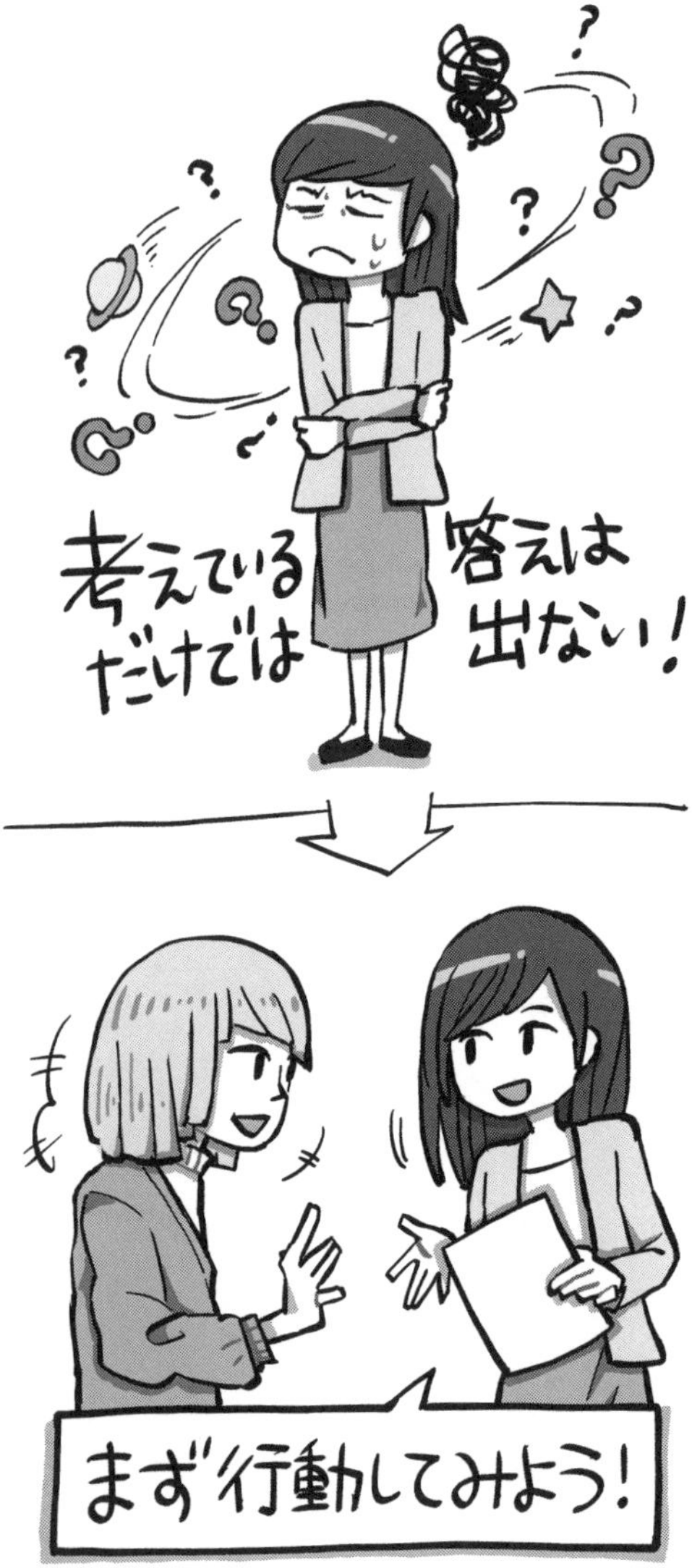
考えているだけでは
答えは出ない！
まず行動してみよう！

「モテ層」でほぼ10割決まると書くと、「モテ層が完璧に決まらないと先に進めない」という人が何人か出てきます。スタートアップ時期は「モテ層(仮)」で大丈夫です。

最初は、市場リサーチの意味も込めてテストマーケティングとして、小さくテストしてリサーチしていきましょう。

行動する前から「食わず嫌い」でこれはしない、あれはいやだということではなく、「やってからわかる」ことのほうが「人柄ビジネス」の場合は、とても多いのです。

特に最初は、自分がこれを本当にやりたいのかどうかがわかると思えばよいでしょう。好きなことを仕事にする場合、「好きなことを見つけるワーク」など、セミナーや机上でやるワークがありますが、感覚としてしかわからないこともあります。


わたしのスタートアップ時期がそうでした。わたしは26歳のときに、水疱瘡《みずぼうそう》になって、家に泥棒に入られ、友達と人間関係が悪化するという、人生最悪の時期があったことがきっかけで、運気アップに非常に興味を持ちました。当時、本屋さんにある「運気アップの本」で知らない本はなかったほどでした。「運気アップの本」が発売されたら購入し、運気アップのメルマガも登録して、運気アップ本に書かれている方法をほぼすべて試していました。それは「本に投資する」という考え方があったからです。

わたしの強みは、行動的なことでした。そして、オタク気質だったので、探究心が強かったというのもあります。「運気アップの本」に書かれているノウハウは、どれも無料でできることだったこともあり、簡単なことから実践したのです。誰に頼まれたわけでもないのに、当時は好奇心が抑えられず、運気を上げようと必死だったのです。

たとえば、簡単なことでいえば、トイレ掃除や「ありがとう」と1万回いう、「ツイテる！」という、いつも感謝の気持ちを持つ、などなど、すぐに実践できることから始まり、手相や方位学など占いのような専門的なものまで、10年間読み続けて実践し、効果検証を繰り返していました。その結果、希望の会社に転職が成功したり、成績がよくて昇進したり、お給料が上がったり、まわりの人間関係がよくなったりしました。

たくさんの本を読んで素直に実践していたので、人よりは運気アップの知識と実践結果を持っていたのです。そこで、この**運気アップに関する商品をつくり、テストマーケティングをしてみよう**と思いました。

54ページの項でお伝えした「モテ層」の見つけ方の、次の項目です。
③あなたがお金と時間をかけて取り組んできたことから見つける（＝運気アップの本を購入して10年という時間をかけて実践しました）
⑦過去の自分（Before→After 過去の自分が深く悩んでいたけれど、現在はお悩みが解

決された分野）から見つける

わたしにとっての運気アップのノウハウや、10年間の実践は、③と⑦にあてはまりました。スタートアップ時期のわたしは「アジアの怪しい両替所」である自分をいち早く卒業したかったのもあり、「この運気アップのノウハウが人の役に立つかどうかわからないけれど、これで試してみよう！」と「わたしが10年間試した運気アップの秘訣」というものをＰＤＦで作成して配布してみました。

執筆しながら、「こんなことを知りたい人はいるのかな」と、正直なところ、最初はわかりませんでした。なぜなら、わたしにとってはあたりまえの知識だったからです。みんなが知っているような気がしました。しかし、やってみないと何も始まらない気がして行動してみたのです。ＰＤＦは無料。これはメルマガに登録したらダウンロードして無料で読めるものでした。

そのＰＤＦの内容は、稚拙な文章ではありましたし、本で書かれている内容を試し続けたというシンプルな内容でしたが、「効果のあったベスト15」をまとめて書いて、その後どうなったのかという結果をイラストつきで入れました。体験談からのキュレーション情報（収集した情報を分類し、つなぎ合わせて新しい価値をもたせて共有すること）を読んだ人は、とても喜んでくれました。

自分の中であたりまえにある情報が喜んでもらえて、とてもうれしかったのを覚えています。たとえるなら、わらしべ長者でいうところの、わらをみかんに換えたような気がして、先に一歩進めたような気がしました（ちなみにPDFは、約3か月かけて書き上げました）。

その後、わたしが実践した運気アップノウハウの中で、一番即効性があり、効果が高いと思った方法の1つ、方位学の相談にのるサービスを始めました。会社を辞めてすることがなく、時間があったのもありましたし、何かを早く試したかったのもあります。また、わたしが人材紹介会社の転職コンサルタントや、新築分譲マンションのコンサルティング営業で培った自分のスキルが、本当に誰かの役に立つか試したかったのもあります。

「方位学」の相談サービスはとても喜ばれました。方位学を知らない方のために簡単に説明すると、自分の生年月日から割り出した星によって、毎年よい方角があります。その方角に旅行をするという運気アップ法の1つです。

最初は、方位学のサービスを提供するときに、自分もそれが本当に人の役に立つのか、あまり自信がなかったので、無料で提供しました。無料なら相手にもリスクがないし、気軽に試してもらいやすいし、世の中に「運気アップしたい人が多いのか」という市場ニーズもわかるし、何よりわたしもこのサービスを続けていきたいかわかるだろうと思ったのです。一石四鳥なので、思いきってやってみました。

このテストマーケティングの結果、どうなったかというと、わたしは運気アップのノウハウを学ぶのはとても好きなのですが、人に教えるほどの情熱はなかったということがわかりました。これはとても貴重な経験でした。

わたしにとっては、とても意味のあるスタートアップ時期のテストマーケティングだったのです。「自分が本当にこれをやりたいのか」「お金がもらえるサービスなのか」「お客さんに喜ばれるのか」は1人でぐるぐると頭の中で考えていても答えが出ません。

最初は経験を積むほうを優先し、やっていくうちに提供するサービスや内容が変わったとしても、お客さんを集める方法などは、皆同じプロセスを経験します。だから、やってもその経験はむだにはなりません。

やってからわかることがたくさんあります。まずは「モテ層(仮)」で小さくスタートしましょう!

コラム

「モテ層」はあなたの成長とともに変容進化していく

「モテ層」は、スタートアップ時期と、経験や実績を積んでからの時期では、あなたにやれることが格段に増えてくるので、次第に進化していきます。

たとえば、わたしは現在、一般社団法人ライフミッションコーチ協会という協会の代表理事をしています。この協会は、「いつかは起業してみたいけれど、何をしたらいいかわからない」という女性たちが、「人生の目的」「一歩踏み出す勇気」「強みの発見」といったテーマを中心に、自分の人生の天職、天命（=ライフミッションと呼んでいます）を見つける場所です。

これは最初からわたしが考えていた場所ではありませんでした。最初、この層はわたしが設定したモテ層ではありませんでした。それまでわたしは「人柄ビジネス」幸せ女性起業塾という講座で、会社員の起業予備軍の女性、主婦、個人事業主の女性に対して、集客や起業のノウハウを講座やオンライン上で教えてきました。

そこでわかったのですが、集客や起業のノウハウ、つまり、やり方をお伝えしても「何がやりたいのかわからない」「本当にこれがやりたいのかわからない」という女性が約95％を占めたのです。

わたしは「人柄ビジネス」幸せ女性起業塾を東京、名古屋、大阪、オンラインで開催しましたが、ノウハウを教えれば教えるほど、「何がやりたいかわからない」「これがやりたいと思って起業塾に来たけれども、本当にこれがやりたいのかわからなくなった」という女性を量産しているような気持ちになって、次第に自分がすり減っていくような気持ちになったのです。

そして、「人柄ビジネス」幸せ女性起業塾は、起業のノウハウを教えるよりも、自分の内面を深掘りしていくワークが多くなっていったのです。「いつかは起業してみたいけれど、何をしたらいいかわからない」という女性たちのために「自分を見つめるための場」を提供したいと思い、一般社団法人ライフミッションコーチ協会を立ち上げました。

わたしの「モテ層」は、最初、売上を上げたい個人事業主の女性だったのですが、次第に売上を上げる前段階の会社員の女性となり、「いつかは起業したいけれど何をしたらいいかわからない」というお悩み（＝ニーズ）と出会うことになりました。

わたしもあなたも経験や実績を積んでいくにつれ、提供できることが増えていきます。

また、お客さんから直接お悩みを聞く機会も増えていくでしょう。そのときの、新しいお悩みは、ビジネスチャンスです。あなたもできることが増えているでしょうから、当然ながら、「モテ層」は、スタートアップ時期からどんどん変容進化していくのです。

だから、最初から「わたしのモテ層はどこ？」と厳密に探そうとしなくてよいのです。仮で試していくような気持ちでいいのです。仮で試そうというと、いい加減に聞こえるかもしれませんが、実際に起業していくとわからないことだらけなので、仮説を立ててそれを検証していきながら進んでいくしかないのです。

特に会社員の方は、失敗してはいけないという思い込みがあるかもしれません（わたしも以前はそのように思っていました）。しかし、「人柄ビジネス」で起業すること自体が、「世の中にまだ発見できていない小さなニーズ」を発見して新しいサービスを提供することです。それは「大企業が参入するほどではない小さな市場規模のニーズ」であることがほとんどです（大企業が参入するほどの大きな市場規模であれば、わたしたちのような一人ビジネスの人柄ビジネスは、競争に勝つことはできません）。

だから、仮説検証を繰り返しながら、事業を成り立たせていくのです。そのため、モテ層に関しても、いったん、これかな?と仮説を立てて実践し、検証を繰り返していくというのがおすすめなのです。

会社員時代の経験に売れる商品が眠っている可能性がある

自分のライフミッションを知り、いまでこそ好きな仕事をしているわたしですが、会社員を辞めて「人柄ビジネス」をスタートしたときは、何からスタートしていいのかわかりませんでした。わたしの才能や経験など、**何がお金に換金できるのか**、多くの人と同じようにわかりませんでした。そこで、あるセミナーで出会った起業コンサルタントの方にお願いして、何の商品を誰に販売したらいいのかを相談しました。

その男性コンサルタントからは、

「あなたは会社員時代に営業成績がよく、上場企業の550名いる転職コンサルタントのなかでトップクラスの営業ウーマンだった。また、不動産の営業経験もあるのだから、その経験を活かして『営業スキルを向上させたい営業マン向けのセミナー』を、法人対象に会社の経営者に向けて提供したらいいよ」

とアドバイスされました。人生で一度、あるかないかの高い買い物、「家」という商品を販売する技術もあったので、その男性コンサルタントがわたしにアドバイスしたのは、営業スキルを法人に販売したらいいという、まさにいま実現している「人柄ビジネスの商品化」をアドバイスしたのです。

しかし、わたしは3つの理由から、その提案を断ってしまったのです。

自分のまわりにすごい営業マンがいたというのが1つ目の理由。

そのすごい営業マンたちと比べてしまって自信がなかったというのが、2つ目の理由。

営業と聞くだけで、毎月営業ノルマ達成に追い込まれていた当時の古い記憶が思い出されてしまって、とてもそれをする気になれなかったのが、3つ目の理由。

「まわりには、営業をやっている人ばかりが存在する。わたしよりも営業スキルのある人はたくさんいるのに、そのすごい先輩たちを差し置いて、わたしが誰かに営業スキルを教えるなんて、おこがましい」と思っていたのです。だから、世の中のライバルたちに勝てる気がしませんでした。

さらに、営業ノルマは毎月達成していましたが（飛び抜けて達成する月もないのですが、達成しない月もなく、平均的に毎回営業ノルマを達成していました）、ノルマのあることが精神的につらすぎて、営業と聞くといやな記憶が思い出されてしまったのです。その提案を受けても「好きなことを仕事にしたいのに、営業に関わる仕事をしなければならないなんてつらすぎる……」と思ってしまいました。

営業成績はトップクラスだったのですが、精神的にも体力的にも犠牲にするものが多すぎました。頑張りすぎて、燃え尽きて会社を辞めたので、会社の経験を活かすなどという余裕がなかったのです。

しかし、当時から9年経ったいま、営業経験のない主婦、会社員、個人事業主の女性の方たちに営業方法を教えているのです。

自分があれだけ教えるのに自信がないと思っていた営業スキルは、営業経験のない「人柄ビジネス」をスタートしようとしている女性の方たちに、とても喜ばれたのです。自分が想像している以上に価値が高く、「この営業スキルを教えてもらって、とても感謝しています!」とお礼をいわれることも多いのです。たしかに営業経験のない女性たちは、セールススキルを学ぶ機会というのは、営業職に転職か就職しない限りないのです。

だから、自分の中では「もうこんなこと誰でも知っているだろう」とか「もっとすごい人がいるからわたしが教えなくても……」と思うことが、実は人の役に立つことだったのです。

わたしが培ってきた営業スキルは、教えたお客さんたちの売上に大きく貢献しました。1人の方につき、200万~500万円以上の売上を生んだこともありました。わたしとしては「とてもあたりまえな営業スキル」に価値がついたのは想定外のことでした。

スタートアップ時期にコンサルティングしてくださった男性コンサルタントの提案**「あなたの営業スキルを売ればいい」**のアドバイスは、的確なアドバイスだったのです。対象が営業マンの営業成績を伸ばしたい会社経営者ではなく、人柄ビジネスをしたい営業経験のない女性が対象という違いはありますが……。

あなたには回り道してほしくないので、こうしたわたしの過去の経験をお伝えしましたが、わたしがこの経験から得た気づきは、**会社員時代の経験をなかったことにしない**ということです。自分の才能や強みとは、「普段あたりまえにやっていること」のなかに隠れているのです。あたりまえすぎて、アドバイスされても自分では気づかないほどです。
・もしかしたら、あなたの才能や強みという言葉を使うからわかりにくいのかもしれません。自分が頑張って、頑張って苦労して体得したスキルのように思うからです。
だからアドバイスされても、「そんなこと求めている人いるんですか」と受け入れられなくて、お金に換金できる才能や強みをスルーさせてしまうのです。

自分では呼吸するくらいに、あたりまえに簡単にできることに、実は価値があるのです。本来のいまの自分のままで、モテ層に喜ばれる価値を提供する。シンプルではありますが、人柄ビジネスで大切な考え方です。

会社員時代の経験は、「もう、過去のことだから……」と、新しいことを提供しようとしていましたが、実は会社員時代の経験にこそ価値があり、その実績を買いたいという人が世の中にいることを、わたしははじめて知ったのです。

提供する場所を変えれば、営業スキルを持っておらず、営業について何も専門知識を知らなくて困っている人は、世の中にたくさんいたのです。しかも、そういう人たちは、営業スキルを学べる機会もないし、学びにいく場所も知らないのです。その彼女たちの共通するお悩みは、「売上を上げたい」ということでした。そしてこれが、人がお金を支払ってでも知りたいことだったのです。

スタートアップの「アジアの怪しい両替所」の時期であればなおさら、持っている資源を活かしたほうがよいのです。最初は実績が少ないので、売るものがありません。であれば、**もともと持っている資源を活用していくのが成功する秘訣**です。

一方、自分が呼吸するくらいあたりまえにできることは、自分では気づきにくいものです。あたりまえだからこそ、こんなことに価値があるのかと思うのは当然です。何を売ればいいのか、どうしても自分自身ではわからないとき、あなたの経歴を見てもらって、**プロに客観的なフィードバックをもらう**のはおすすめです。

はじめのうちは自信がないので、自分の才能や強みが本当にお客さんのお困りごとを解決できるものなのか、自分の中の何に価値が見出せるのかなど、自分でもわからない部分も多く不安だと思います。そんなときは、1人で頭の中だけで考えずに、プロに相談して、一緒に考えて、小さく試しながら進んでいきましょう。

お客さんの夜も眠れないくらいのお困りごとを意識する

自分の強みからモテ層がわかったら、次にすることは、モテ層が買いたいと思うような商品をつくる必要があります。そして内容と価格を提示しなくてはいけません。

具体的には、**サービス名＋価格のようなメニュー表**ですね。どんな内容で、いくらなのかという値段がついていないと申し込めないですよね。自宅サロンをするときには、メニュー表＋価格が必要になります。

では、ここで問題です。あなたが会社員時代の年収を「人柄ビジネス」でもらおうと思ったら、いったいいくらの商品を何個買ってもらう必要があるでしょうか。仮の金額でよいので、欲しい収入を設定し、逆算してみましょう。

あなたが、会社員で年収360万円だった場合、およそ月収30万円になります。1万円の商品を年間360人に買ってもらう必要があります。年間360人というと、毎月30人に繰り返し買ってもらう必要があります。

あなたが、会社員で年収600万円だった場合、およそ月収50万円になります。1万円の商品を年間600人の人に買ってもらう必要があります。年間600人というと、毎月50人に買ってもらう必要があります。

もし、あなたが会社員で年収1000万円だった場合、およそ月収80万円ほどになります。1万円の商品を年間1000人に買ってもらう必要があります。年間

1000人というと、毎月83人に買ってもらう必要があります。

たとえば、1万円の商品を販売した場合、毎月30人から83人に商品を販売し続ける必要があります。しかも、単月ではなく、継続してずっとです。

わたしも会社員時代は毎月お給料がもらえていたので、何となく一生懸命働いて能力を高めれば、あとからお金はついてくると思っていました。親も会社員だったので、「好きなことを仕事にするには、何を考えないといけないのか」ということをまったく知りませんでした。

何のサービスを何個売ればいいのか、何人に買ってもらえたらわたしは幸せに生活できるのか……漠然と好きなことを仕事にしたいと思っていましたが、このようなことは、考えたこともありませんでした（いま思えば無知すぎるのですが……）。

あなたは次のような問題を、考えてみたことはありますか？ **どのようにしたら、メニュー表にライバルよりも3倍高い値段を堂々と提示できるか**、ということです。

会社員の経験を積んだら、ライバルよりも3倍高い値段を提示できるでしょうか。

学歴が高い人は、ライバルよりも3倍高い値段を提示できるでしょうか。

有名企業に勤めていた人は、ライバルよりも3倍高い値段を提示できるでしょうか
資格をたくさん持っていたら、ライバルよりも3倍高い値段を提示できるでしょうか。

年齢が高かったら年功序列の給料体系のように、ライバルよりも3倍高い値段を提示できるでしょうか。

これらの答えは、すべて不正解です。

転職市場では、能力が高い人のほうが高いお給料で雇われますので、資格を取得したり、学歴が高かったり、能力が高い人のほうが、お給料が高くなります。

しかし、人柄ビジネスでは、資格があっても収入が低い人もいます。学歴が高くても、収入が高くない人もいます。年齢が高くても、収入が高くない人もいます。有名企業で勤めていた経験があっても、収入が高くない人もいます。

この差は何でしょう。ライバルよりも3倍高い価格を堂々と提示できるようになるには、3つの大切なポイントを押さえる必要があります。

①自分の価値を120パーセント評価してくれる、モテ層を見抜く観察力を持つこと
②自分の価値を適切に伝える表現力を持つこと
③モテ層のお困りごとのTOP3にアプローチすること

①はとてもシンプルなことです。あなたの価値を高く評価してくれる人を見つけないと、あなたの商品、サービスを高く買ってはくれません。
わたしは、人柄ビジネスで、女性が家庭と両立しながら、精神的にも経済的にも幸せに起業できる方法を教えています。もしここに、税金の申告について悩んでいる男性経営者がいたとしても、そのお悩みを解決することはできません。

わたしのサービスを誰が高く買ってくれるかというと、これから「人柄ビジネス」で起業したいと思っているけれど、何で起業したらいいのかわからない女性です。どのようにしたら起業できるのか、売れる商品のつくり方や、その商品を売り込まずに自然に売れるセールス方法について教えてほしい人です。

自分が誰に一番貢献できるのか（それを「モテ層」と呼んでいます）を見抜く力は、起業において必要です。その対象を間違えると、あなたがいくら優れた技術を持っていても、評価してくれません。
②は、あなたのできることや専門技術は、適切な相手＝モテ層に対して、「あなたの価値を見える化」して伝えてはじめて、高い価格でも買ってもらえます。自分の好きなことをやっているけれど、満足した収入を得られていないという女性たちは、「なぜ、あな

たの望む価格をクライアントは支払うのですか。そのサービスを受けるとどういう価値(リターン)があるのですか」という問いに、明快に回答できていないのです。**あなたの強み、価値を求めている「モテ層」に、その価値が明確に伝わるように言語化する必要があります。**
③のモテ層のお困りごとTOP3にアプローチするのは、シンプルです。人には必ず困っていることがあります。あなたにも、お金を払ってでも解決したい悩みがきっとあるでしょう。それを探し、自分の強みがそのお悩みの解決に貢献できるものであれば、モテ層に伝えることで(②の内容をふまえてください)、必ず価値を感じてくれます。
お困りごとTOP3というのは「夜も眠れないくらい重要なお困りごと」です。人には「今日の晩ご飯、何を食べに行こう」という軽いお悩み、つまり「気にはなるけれど、それほど重要ではないお困りごと」から、「彼氏ができない」「妊娠できない」などの夜も眠れないくらいのお困りごとまで、悩みに優先順位があるでしょう。もしあなたが好きなことを仕事にしたい場合には、モテ層の頭の中のお困りごとTOP3にアプローチしていく必要があるのです。

あなたの人柄ビジネスが大きく育つためにしておくこと

会社員時代の収入が年収６００万円くらいだったのですが、会社を辞めても同じくらいのお給料が欲しいなあと、漠然と思っていました。

人柄ビジネスを仕事にしたいと考えている会社員の女性たちの多くは、「会社員と同じくらいのお給料がもらえて、かつ好きなことを仕事にしたい」といいます。女性が幸せに働くには、1億円も必要ないのだと思います。

では、会社員と同等の年収はどのようにしたら得られるのでしょうか。もし、あなたが会社を辞めて、1人で好きなことを仕事にしようとした場合、会社の看板も信用財産も、ビジネスモデルも顧客もいない状況から始めることになるのです。**最初から会社員と同等のお給料は難易度が高い**と考えておきましょう。図で表すと右のようなイラストになります。

会社員時代のお給料にできるだけ近い金額を得たい場合は、まず、お客さんが集まり続ける仕組みをつくっておく必要があります。そうしないと、毎月新しいお客さんを探しにいかないといけなくなり、とても労力がかかります。新規のお客さんを集める労力は、すでにいるお客さんに商品を買ってもらうときの**5倍のエネルギー**がかかるといわれます。

あなたのサービスや商品を、「それ欲しい！」と喜んでくれる見込み客を育て、**予約に**

空きが出たらお申し込みが来る状況を日頃から構築しておく必要があります。
人柄ビジネスでは、それを**「あなたと相思相愛になるお客さんを集める仕組みづくり」**と呼んでいます。この仕組みがないと、いつも新規の見込み顧客を探すことに、エネルギーを取られてしまいます。そうすると、本業のサービスを提供することに時間が割けなくなります。
ステップにすると以下のようになります。

ステップ1　「お金になる知識の棚卸し」をしましょう

人から頼まれていたこと、人に教えられること、まわりの人は難しそうにしているのに、自分ではあたりまえのようにできること、悩んでいたことから克服した経験、会社経験、お金を払って解決した経験、好きで仕方なかったことを棚卸ししてみましょう。

ステップ2　「それをやっているライバル」を探しましょう

インターネットで検索する。本屋に行って探す。友人で同じようなことをしている人がいたら話を聞く、などです。

ステップ3 「ライバルの商品メニュー、価格」を調べましょう

自宅サロンをやる場合は、近隣のライバルになるお店の商品のメニュー価格を調べましょう。または、ホットペッパービューティーなどで検索したら地域のお店が出てきます。

ステップ4 「誰に販売するか」を決めましょう

誰の「夜も眠れないくらいのお困りごと」を解決するのかを決めます。モテ層の見つけ方は55ページを参考にしてください。

ステップ5 「ライバルの商品で顧客が感じているストレスを解消するサービス」を提供します

ライバルの商品を徹底的にリサーチします。「お客様の声」なども参考にしながら、その商品の弱点を探します。弱点とは、お客さんが「こうなったらもっといいのに」と思っていることです。ここにお客さんはストレスを感じているはずです。その部分を解消するサービスに名前と価格をつけて、メニュー表をつくりましょう。

ステップ6 「お客様の声」を5人分集めましょう

最初はモニター価格でよいので、お客さんの声を5人集めましょう。お客さんの声が手に入ったら、「お客様の声」をＷｅｂやチラシに掲載します。

あなたがはじめてのお店に行くとき、「お客様の声」が10人あるお店と、「お客様の声」が0人のお店ならどちらに行くでしょう？　答えはいわずもがなですよね。


種まきの作業がたくさんありますね。その代わり、しっかり準備をしておくと、リターンが大きくなります。約10か月から1年くらいは、この仕組みづくりや実績づくりをして「アジアの怪しい両替所」を早く卒業できるようにしましょう。

わたしは「いつに戻りたくないか」と問われると、スタートアップ時期には二度と戻りたくないです。なぜなら、もちろん友人たちは好意的な目では見てくれますが、わたしのことを知らない人にとっては、「アジアの怪しい両替所」です。まだ何も実績がないため、わたしがつくった自作の肩書きが書かれた名刺をセミナーなどで会った方に渡すとき、とても恥ずかしかったのを覚えています。

会社員の頃は、もちろん会社名が書かれた名刺を渡していました。上場企業だったので「何をされている方なのですか？」と質問されると、「〇〇会社の〇〇という役職で転職コンサルタントをしている叶理恵です」といえたのです。

それが、会社を辞めて、はじめてつけた肩書きは「運気アップカウンセラー」。いかにも怪しくて、「アジアの怪しい両替所」の匂いがプンプンします(笑)。結局、先述したように、自分が情熱をかけて人に伝えていきたいものではなかったのですが……。

最初は、自分が何者かを説明できないもどかしさがありました。だから、そこから抜け出したくて一生懸命、試行錯誤、暗中模索しながら、「この先、このままいって、果たして会社員時代のお給料くらい得られるのだろうか」と、心許ない気持ちで、さきほどのステップを踏んでいきました。

自分を信じて走り続けるしかなかったあの日。いま思うと「アジアの怪しい両替所を抜け出すためによくやったね。えらいよ!」と声をかけてあげたいくらいです。**そのくらい最初の時期は、「自分が何をやりたいのか」「自分が何を提供できる人なのか」がよくわかっていない状況で、メンターから習ったことを素直に実践するしかありませんでした。**しかも、まいた種がすぐに花咲くわけではありません。とても不安でした。

これらのステップを踏んで、リピートして買ってくれるお客さんができたら、ビジネスは安定していきます。ビジネスはリピートしてくれるお客さんで成り立っているからです。

けれど、最初はリピート以前の問題で、誰も新規のお客さんがいない状況です。この状況から早く抜け出したくて、最初は「アジアの怪しい両替所を抜け出す」が、ファーストチャレンジでした。そこから抜け出すのは、「お客様の声」しかないのです。

だからまずは、「お金を得る」ことよりも、

「実績を出すこと」

「お客さんに買ってもらうこと」

「お客さんの声をもらうこと」

「お客さんの声をもらったらWebに掲載すること」

「お客さんが集まり続ける仕組みを構築すること」

を最優先に考えてください。お金はあとです。

稲を春に植えると秋の米の収穫の時期まで約10か月くらいかかりますね。それを、「5月に稲が実っていません！」「6月も稲が実っていません！」とあわてふためいて、畑に植えた稲を掘り起こす農家さんはいません。

人柄ビジネスを育てる場合は、農業や育児と同じで、ある程度育てる期間が必要なのです。会社員時代に実績のあることで「人柄ビジネス」を始めるならよいのですが、会社員時代とはまったく違うことで「人柄ビジネス」を始める場合は、そのスキルを磨く期間も必要になります。会社員時代は事務職をやっていて、アロマセラピストとして自

宅で「人柄ビジネス」をする場合は、アロマセラピストの経験を積む必要があります。

コーチ、カウンセラー、セラピスト、コンサルタントのような相談業は、実力が目に見えにくいものです。セッションの経験がまったくないのに、いきなりお金をもらおうとする人がいますが、まずは、たくさんの人とセッション経験を積まれることをおすすめします。なぜなら、あなたのセッションを受けた人がどうなるのかというのは、たくさんの人のセッションをしないと見えてこないからです。

わたしは会社員時代にコンサルタント営業としての経験をたくさん積んでいたので、その経験を活かして相談業からスタートしました。そのため、比較的早く実績を上げることができました。**ビジネスを始めるときは、まず、実績と経験数を最優先にするのをおすすめします。**

Step
03
「あなたから買いたい！」相思相愛のお客さんを引き寄せる

情報発信は「あなたの想い」をラブレターにして海に流すようなもの

人柄ビジネスでは、自分のことを積極的に情報発信して、知ってもらう必要があります。いまは、インターネットがある時代ですので、ぜひ活用していただきたいと思います。
好きなことを仕事にしたい人は、何かしら熱い想いがある方が多いと思います。その仕事に誇りとやりがいを持っている方も多いので、想いをぜひ発信してみましょう。その情報をきっと待っている人がいます。

わたしは先日、フランスの田舎に住んでいる日本人女性に売れる商品づくりのコンサルティングを行いました。その方はなぜわたしのことを知ってくれたのかというと、あることで悩んでいてインターネットで検索し、偶然わたしのことを見つけたそうです。
それでメルマガに登録したら、いろいろと役に立つ情報があったということ。また、わたしは旅が好きで、年5回は海外を旅するのですが、その方も旅が好きなので、そこに共感してくれました。

同じ日にフィジーに住んでいる方にもコンサルティングを行いました。彼女もインターネット検索してわたしを知ってくださったのです。そこで、旅の情報をはじめ、日常のほっこりした記事を読み、次第に人間性が伝わってきて、親近感を覚えてくれたそうです。

「まるで友人から届くメールを楽しみに読むようかのように、メルマガを読んでいます」といわれました。世界中に想いが届くインターネット（メルマガ）ってすごいな、と思います。

彼女たちは、気軽に日本に帰ってセミナーを受けることができないので、オンラインで学べる起業講座にお申し込みをしてくれたのです。

「オンラインでも、まるでリアルの講座を受けているかのようで、とても楽しかったです。もっと、このような講座をたくさんつくってほしいです」といわれました。ありがたいことです。


SNSの情報発信は、「あなたの想い」をラブレターにして小瓶に入れて海に流すことと同じ作業だよと、いつも生徒さんにお伝えしています。

世界中とつながっているインターネットという大きな海に、自分の想いがこもった手紙を発信する。それがどこかの誰かのもとにたどりつき、その想いを受け取る。発信したわたしは、いつ、誰のもとに届いているかはわからない。けれど、その想いに心を動かされた人から、あるとき連絡が来る……まさに、手紙を小瓶に入れて海に流す「ボトルメール」と同じですよね。

あなたのファンになりたいモテ層が、商品、サービスが販売されている、あなたのWebサイトを見つけます。

情報発信も定期的にされていていろいろな情報がたくさんあります。見てみると、自分のお困りごとの解決となるサービスが販売されている。実際にそのサービスを購入した「お客様の声」も掲載されています。

それを読む限り、サービスも悪くなさそうです。ここまで読んで、どうやら怪しくなさそうなことがわかります。すると、その人はどうするでしょう。

次に「もっと詳しい情報が知りたい」と、メルマガに登録してくれます。あなたが想いを発信し続けていると、信用財産が貯まっていきます。すると、どこかのタイミングで、お困りごとを解決する商品を販売したら売れていきます。

もし、あなたが発信する情報が少ない場合は、申し込もうとは思わないでしょう。

だから、あなたは「何ができる人」なのか、「何を考えているのか」などの想いを発信しなくてはなりません。すると、あなたのその想いに共感したお客さんから、きっとアクションがあるでしょう。そうなれば、相思相愛のお客さんと出会えるので、きっと仕事が楽しくなってくるでしょう。

いま自分がどのような想いでこの仕事をしているのか、過去何に悩んでいて、何に取り組んだ結果、どうなっているのか、お客さんのお困りごとの何を解決できるのか、などの提案を発信すると、あなたの想いに共感したお客さんがやってきます。ここまでやってきてはじめて、「アジアの怪しい両替所」から卒業もできます。

これまではこういった選択肢がありませんでした。いまでは無料で発信できるツールがたくさんあります。たとえばメルマガは、月3000円程度の有料のものもありますが、まず、無料のツールから始めてみるのが、リスクが少なくておすすめです。

あなたがもし何も情報を発信していないとすると、スーパーの陳列棚に、商品、サービスが何も並んでいないのと同じことですよね。

スーパーの陳列棚に並んでいなければ、お客さんは買い物をすることができません。わざわざ店員さんに声をかけて「この商品、陳列されていないですが、奥で眠っていませんか」などという質問することはないですよね。

いまはレストランを探すとき、「新宿　イタリアン」「梅田　沖縄料理」とか、何か検索ワードを入れて、サイトを探します。そのあと食べログなどであれば、お客さんの評価を確認すると思います。

そう、SNSで情報発信をしていないということは、あなたのプロフィールもメニュー表もないのと同じです。どのようにしてあなたの商品を知ったらいいのか、わからない状態なの

です。

あなたと相思相愛になりたい「モテ層」の方が、夜も眠れないくらいのお困りごとを抱えていて、寒い世界で凍えているかもしれません。

あなたの人柄や考え方がわかる情報を、サイトに載せて誰でも読めるようにしておきましょう。すると、あなたの発信することに共振共鳴した人たちが、あなたのファンになっていきます。しかも、自分のお困りごとが解決できることがわかって、あなたの人柄や専門知識、「お客様の声」が掲載されていたら、あなたに会いに行きたくなるでしょう。

「あなたの想い」をラブレターにして、小瓶に入れて海（インターネット）に流しましょう。きっと相思相愛のお客さんと出会えます。まだ見ぬお客さんはあなたの発信を心待ちにしています。

わたしが起業して最初にしたこと

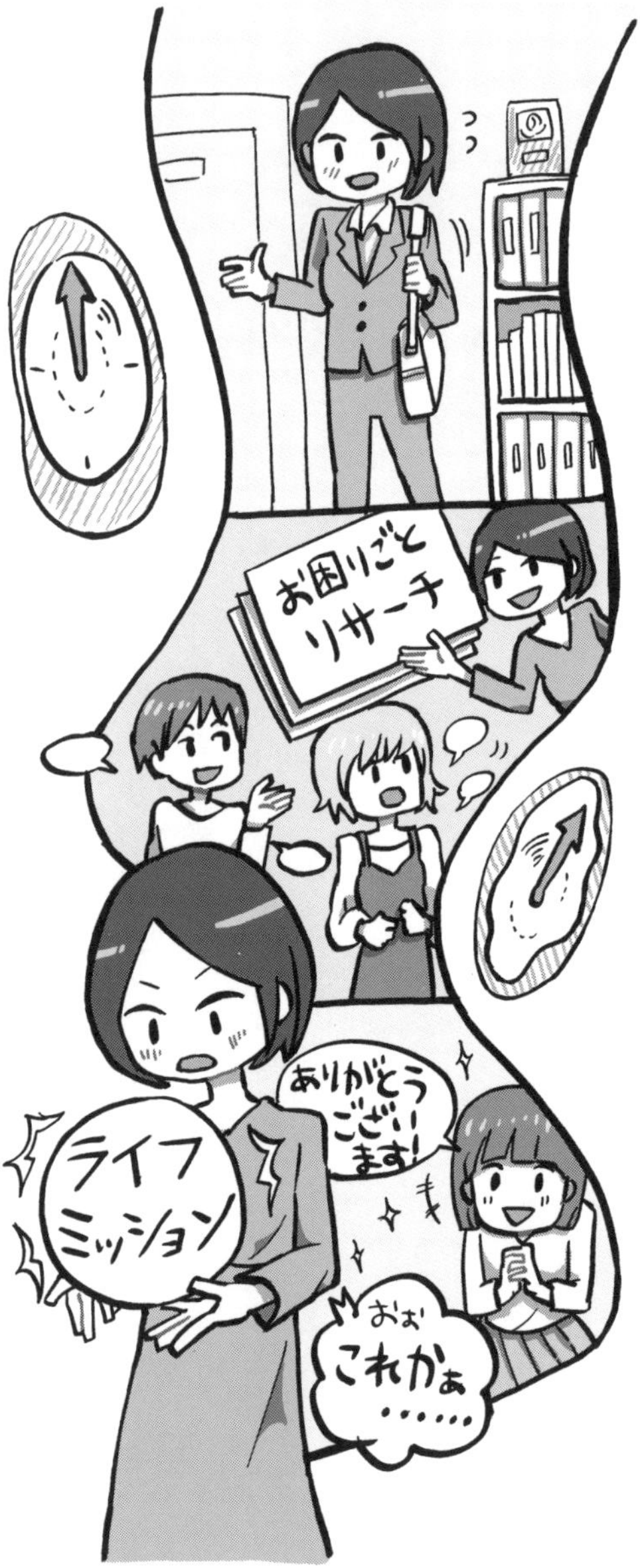
お困りごとリサーチ
ありがとうございます!
ライフミッション
おぉ
これかぁ……

わたしが「人柄ビジネス幸せ女性起業塾」を主宰し、集客ノウハウや商品の作り方、うまくいく人の起業マインドなどをお伝えしてしばらくたった頃、その講座を受けた女性の多くからいわれる台詞がありました。

それは、「理恵さん、ノウハウはわかりました。でも、わたしは何がやりたいかわからないのです」「理恵さん、わたしはカウンセラーがやりたいと思っていました。でも、いざ具体的なステップを学んだら、本当にこれをしたいのかわからなくなってきたのです」という台詞です。受講生全体の約95％がそのようなことをいったのです。

昔なら「何がやりたいかわからない人」が起業したいなんて、思わなかったでしょう。店舗も借りず、社員も雇わず、低予算でスタートできる人柄ビジネスで働ける環境が、インターネットの普及などで整い、起業のハードルが低くなってきているからこそ起きている現象なのかもしれません。


会社を辞めてからわたしは何をしたのかというと、自分のやりたいこと、使命を発見する講座に半年間通いました。自分の内面と向き合って内面ホリホリを繰り返したのです。

その結果、わたしがそのとき紙に書き出したのは「女性にきれいなお金の稼ぎ方を教えたい」ということでした（お金の稼ぎ方にきれいも汚いもないのですが、意味としては、価値を生み出した対価として、お金を稼ぐ方法を教えたいということです)。

たとえ月2~3万円の売上からスタートするベイビーステップでも、収入を得られるやり方を女性に教えていきたいと、おこがましくもそう思ってしまったのです。

実は、**「おこがましい」と答えることは、あなたのライフミッションの可能性があります。**

ライフミッションというのは使命のことです。あなたがこの世に、何をするために生まれてきたのかということは、自分にしか見つけることはできません。占い的なものでヒントはもらえるかもしれませんが、自分が腹落ちするためには、自分の内面を深く探究していく必要があります。そこには何のジャッジもありません。わたしは半年間かけて自分自身と対峙《たいじ》し、自分のやりたいことを見つけていったのです。

「女性にきれいなお金の稼ぎ方を教えたい」。それをステップバイステップで小さなところからスタートできるようにして、幸せに生きることをあきらめないようにしたいと思いました。


であれば、わたしがすることは明白でした。

自分がそれをできるような人にならないと人に教えることはできません。だから、小さなところから、ベイビーステップでスタートしました。わたしのモテ層は、女性だったので、個人の女性のお困りごとを解決するような仕事をしようと考えました。

55ページのモテ層の見つけ方でお伝えした、人間関係で自然にモテてきた層と過去のキャリアの中で、わたしのお客さんは個人の女性の方が多かったのです。なぜだかよくわからないのですが、女性には自然に話をしてもらえます。ライフミッション、情熱があることも、女性のお客さんにきれいなお金の稼ぎ方を教えたいという使命を発見する講座で判明しました。わたしがお金と時間をかけて取り組んできたことは、転職コンサルタントとして、当時3500人以上の仕事の相談にのってきたことでした。

過去の自分が悩んでいて克服したことで商品をつくって、アメブロで集客をすることができるようになりました。まさに過去の自分が深く悩んでいたけれど、そのお悩みが解決された分野でした。「それを教えてほしい」と人からいわれたことは、「理恵ちゃんどうやってアメブロで集客したの？」「どうやってアメブロカスタマイズをしたの」「わたしも理恵ちゃんと同じようなことをやりたい」ということでした。

これらの理由から、転職コンサルタント時代に培ったキャリアの相談にのれるコンサルティング技術を活用して、WeBデザイナーさんと組んで「アメブロカスタマイズ」を販売するという新商品をつくりました。当時は、SNSの情報発信は、インスタグラム、フェイスブックなどではなく、女性の個人事業主の人が集客するのにアメブロが流行っていました。

もちろん、いまも充分に集客することはできます。そして、ライバルがいて売れている分野でした。アメブロをきれいにデザインすることをアメブロカスタマイズと呼ぶのですが、それをビジネスにしているWeBデザイナーさんはたくさんいました。しかし、その人たちのモテ層は、自分のやりたいことがすでに明確で、商品のコンセプトも決まっている人で、価格を押さえて依頼したい人たちでした。

しかし、スタートアップ時期のわたしのような人は、自分でコンセプトを決めたり、ブログタイトルを決めたりすることは、とてもたいへんなのです。「教えてほしい！」といってきた友人のお困りごとをリサーチしてそれがわかりました。そして、彼女たちのお困りごとは「好きなことを仕事にするために集客方法を知りたい」「アメブロを活用して集客したい」「自分が好きなことをしていることを、インターネットを通じて発信していきたい。でも、1人だとどうしたらいいのかわからない」ということでした。

そのお悩みを解決するのに前職の転職コンサルティング経験、コンサルティング技術が役に立ちました。また、前職が営業ウーマンだったこともあり、その人の商品をどのようにしたら魅力的に映るか、どうしたら売れるのかを考えることは、得意でした。

「もし、わたしがこの人の商品しか売れないとしたら、どうするだろう」と考えるのです。そうすると、答えが見えてきます。この人の商品が売れないとわたしも生活できないので死活問題だと（笑）考えると、まるでどんどん自分がその人専属の営業マンのようになってアイデアが浮かんできます。占い、ストレングスファインダーなどの強み診断の結果、わたしは何かを伝えることが強みで、さらに着想というのが1位の強みだったのと、アイデア力、企画力があることから、それをこのサービスに活かしました。

「現在の人口構成で、ボリュームのある層にアプローチする」は、わたしは団塊ジュニア世代です。この層は人口が多いそうです。**人口が多い層にはビジネスチャンスがあります。**

現在伸びている市場にというのは、当時そこまでわかっていなかったのですが、男性社会の大企業で女性性を押し殺してゴリゴリと働いている過去のわたしのような女性は、きっとたくさんいて、これから女性のライフスタイルに合わせて人柄ビジネスで働く人がきっと増えてくるだろうと想像しました。将来、時代が変わって伸びていく分野になると思ったのです。そこで、前述のアメブロカスタマイズとキャリアコンサルタントのセット商品を売り出しました。

「アジアの怪しい両替所」を卒業するために
わたしが最初にしたこと

そうしたら、どのような結果になったのかというと、はじめてのヒット商品になったのです。分析すると、考えられるのは次の理由です。

①自分のモテ層に対してビジネスを行った
②お客さんの夜も眠れないくらいのお困りごと(=集客したい)にアプローチした
③自分の強み(ストレングスファインダー=企画力)を活かした
④前職のキャリア(職務経験)を活かした=営業、コンサルティング
⑤過去の自分が深く悩んでいたけれど、現在はそのお悩みごとが解決された分野だった
⑥現在伸びている市場で、人口が多い層に対して商品をつくった
⑦自分のライフミッション、情熱の源泉があることでビジネスを行った
⑧わたしがお金と時間をかけてきて取り組んできたこと(=転職コンサルタント、営業経験)を活かした

わたしがいままでの人生の中で、女性の仕事やお悩み相談にかけた時間は、その当時2万6400時間ほどでした。好きなことをどのようにして仕事にできるのかを考え、行動し、取り組んできた時間も長かったのです。

54ページで書いたようなことが、結局はあてはまるのです。はじめて10万円以上の単価の商品が生まれ、はじめてのヒット商品となりました。

「アジアの怪しい両替所」であるわたしから商品を買ってくれたのは、モテ層が喜ぶ商品をつくったからだと思います。それが、モテ層の夜も眠れないくらいのお困りごとを解決する商品だったのです。ほかにも次のことを行いました。

●「アジアの怪しい両替所」から卒業するためにブログは毎日更新する

いきなり知らない人から物を買わないと思うので、信用財産の積み重ねを意識して、役に立つ情報を発信しました。役に立つ情報というのは、モテ層のお困りごと起点の情報が8割。わたしの人柄が自然に伝える情報を2割というのを意識しました。また、ブログを更新したらアクセス数が上がります（ブログはこまめに更新すると閲覧数が上がる）。アクセス数が上がるとインターネット集客の場合、商品が売れやすくなります。

●「あなたの想い」をラブレターにして小瓶に入れて海に流す

ブログ記事を見に来てくれた人が、もっと濃い情報が欲しいと思ったときに読める情報をメルマガにまとめました。自分の想いをラブレターにして小瓶に入れてインターネットの海に流すというのがメルマガです。毎日メールが届くステップメールにして、「才能をお金に変える10日間メール講座」というタイトルで配信しました。ブログを見て興味のある人だけが登録してくれて、しかも解除は自由なので、興味のない人は向こうから解除してくれます。自分と相思相愛になるお客さんだけが読んでくれるようになります。

この2ステップをクリアすると、お客さんと自分との間に信頼関係が構築されます。**役に立つ情報を配信する、自分の困っている分野を解決する情報が配信されると、「この人に会ってみたい」と思ってもらいやすくなります。**海外のお客さん、日本全国のお客さんが多いのも、このステップをクリアしているからです。自分の価値観に共振共鳴した人がお客さんになってくれるので、とても仕事がしやすく楽しいです。

●「お客様の声」をブログに10人以上掲載する

会社の看板がなくなって、取引実績0人。まるで「アジアの怪しい両替所」のわたしから商品を買いたいという人はまれです。だから、自分の商品を買ってくれたお客さんの声をブログに10人以上掲載するのです。そうしたら、「この人の商品を買うと、このような未来が手に入るのかも」ということが自然にお客さんに伝わります。会社員時代には意識しなくてよいですよね。なぜなら、実績や信用はすでに会社にあるからです。

信用財産というのは目に見えないのですが、好きなことを仕事にするには、とても大切な考え方です。**信用があることは人柄ビジネスではとても重要で、信用がないと誰も商品やサービスを買ってはくれないのです。**

いきなり商品が売れていくことはありません。友人や家族なら別ですが、信頼関係ができていない人に商品を売るのは難易度が高くなります。

信用財産を積み重ねている間は、あまりお金にはなりません。種まき時期ですね。人柄ビジネスの信用財産を積み重ねている時期です。でも、だからといってこの時期をスルーできないのです。種をまかないと花が咲かないように、誰でも通る道です。出産でいったら妊娠時期の「つわり」のようなものです。

子どもが生まれるまで赤ちゃんはお腹の中で十月十日、生まれる準備をします。人柄ビジネスもそれと同じで、種まき時期は10か月から1年くらいかかるのを想定して土台を準備していくのです（それより早く売れるケースもありますが）。

そうしたら、毎年その場所では花が咲くようになります。「ブログ」「メルマガ」という情報発信メディアは**「あなたの資産」**となります。

信用財産が積み重ねられれば、あなたの人柄ビジネスは長期的に発展し続けるので、ぜひトライしてみてください！

次に、この信用財産が積み重ねられたら、いよいよあなたの商品を売ります。売るというとネガティブなイメージがある人は、売る＝お客さんのお困りごとを解決できるチャンスを与えると考えてください。お客さんのお困りごとが解決されて喜ばれてお客さんが笑顔になって、お互いに喜び合っているようにイメージしてみましょう。きっとあなたの考えた商品は、お客さんのお困りごとを解決して喜ばれます。

ここまで土台が整ったら、次に「どのような状況の人に売るか」ということがとても大事になってきます。商品を売るというのは、困っていない人に売るのは、とても難易度が高いことなのです。では、どのようにアプローチしたらいいのでしょう。

それは、そのお悩みごとの商品を買いたいモテ層の中で、①緊急度が高い人 ②長期間悩んでいる人 ③今夜も眠れないくらい困っている人 ④予算がある人というのを対象にしていきます。

予算がない人に商品を売ることほど、セールス初心者に難しいことはありません。まずは、簡単なことからスタートするのです。

せっかく好きなことを仕事にしたのにお客さんが来ないのはなぜだろう？

人柄ビジネスで好きなことを仕事にするとき、ビジネスが継続的にもうかり続ける人について気づいた、ある1つの共通項があります。

それは人柄ビジネス（コーチ、セラピスト、カウンセラー、コンサルタント、ヒーラー、お片づけコンサルタント、ファッションコンサルタント等）の仕事をしている方で、長年売れ続けている方は、**会社員時代に「営業、PR、販売員、マーケティング」という部署（職種）の出身者が多い**ということでした。

もちろん、そうでない人もいますが、基本的な営業スキルを身につけている人が多いのです。営業という仕事は、お客さんのお困りごとをヒヤリングして、それを解決できる自社の商品をご提案する仕事。ＰＲという仕事は、会社のよさや商品、サービスのよさを伝える仕事。マーケティングという仕事は、会社の商品に合う見込み客を集める仕事。アパレルの販売職などの仕事は、お客さんが欲しい洋服を買う目的を聞いて、似合う洋服を提案する仕事です。

これらの仕事をしてきた人は、**営業、宣伝、広告に苦手意識がありません。**たとえば、わたしのメンターでもある和仁達也先生は、27歳のときに経営コンサルタントとして独立起業されたのですが、新卒で勤めた会社では新規開拓営業を3年間行っていました。

その和仁先生と一緒に連続講座をされている遠藤晃先生も、学習塾の講師から生命保険の営業マンを経験して独立起業されています。

ほかにも人柄ビジネスでうまくいっている人は、元ＰＲ出身者や、営業、販売、マーケティング担当の出身者が多いのがわかりました（本人はそれをアピールしていないのでほかの人は気づいていないのですが）。たとえこの職種ではなかったとしても、その職種の要素が前職にある人も、宣伝や営業にメンタルブロックがありません。元アナウンサーとか、副業でアフィリエイトをしていた人たちも、商品のメリットを伝えるのが上手です。

スタートアップ時期は、商品の価値を伝えていかないと、勝手に商品が売れることはありません。

会社員時代に「営業、ＰＲ、販売員、マーケティング」の仕事をしていない人は、商品が売れなかったとき、どのように考えるかというと、以下のように考えます。

人柄ビジネスの場合は、商品、サービスと本人の関係性が近いこともあり、「わたしがダメだったんだ……」と考え、自分を責めてしまうのです。決して、「売れない＝自分はダメだ、世の中に必要とされていない人間だ」とイコールにして考えないでください。

もし売れなかったとしても、必要以上に落ち込むことはありません。

実際に生徒さんでもそのような人が多いのですが、自分が悪いわけではありません。

「お客さんから断られる」この経験を一度するだけで自信喪失してしまい「ちょっと半年間、沖縄に行ってきます……」と、傷心旅行に出かけるというように、行動がストップしてしまいます。たった一度このような経験があるだけで商品をアピールすることを止めてしまうなんてもったいないです。なぜなら人柄ビジネスの場合は、自分の時間も資源の1つだからです。

もしあなたがどれだけ素晴らしいアロママッサージの手技を持っていたとしても、どれだけ素晴らしい商品を持っていたとしても、たとえばモテ層がわかっていたとしても、セールスは必要になります。何もPRしないで、「それ、売ってください」といわれることはないのです。あなたの想いや人柄、商品のよさを伝えないと、誰も気づいてくれないのです。

商品が売れないこととあなたの価値は、イコールではありません。だから、うまくいかないとなったら、「次の対策を練ろう」と考えて、次の一手を考えます。これだけでアドバンテージがありますよね。

中小企業庁が出しているデータでは、会社倒産の7割は販売不振が原因で倒産しているそうです。つまり、商品が売れないから倒産します。**よい商品、サービスであることは前提条件ですが、それだけでは商品、サービスは売れていかないということがわかります。**

では、営業未経験の人は、好きなことを仕事にできないのでしょうか。

いいえ、そのようなことは全くありません。営業といっても何も難しいことではないのです。ただ、営業、セールスと聞くと「説得して売りつける」という旧来型のセールスのイメージが定着している人が多いので、「いやだ！　そのようなことはやりたくない！」とセールスに対するメンタルブロックや拒否反応が出てしまっているだけです。

知らないことは学べばいいのです。基本、営業ですべきことは、相手に気持ちよくしゃべってもらうことです。もし、あなたがセラピスト、カウンセラー、コーチ、コンサルタントのような相談業で起業したい人なら、その技術はすでに持ち合わせています。


人柄ビジネスをしている人は、お客さんに感謝される、喜ばれるという精神的報酬が得られるため、金銭的報酬を得られるための行動をしていない人が多いようです。さらに、**お金に対するメンタルブロックがある女性はとても多いです。**

結果が出ていない人に話を詳しく聞いてみると「まわりの親戚やママ友から何ていわれるだろう」「わたしなんて世の中に必要としている人がいないのではないか」という自信のなさから、お金を得ることに時間もお金も使っていない人が多いです。

実際にあまり行動をしていないだけなのです。

「好きなことを仕事にしているので、それだけで幸せだからお金は受け取れません」といえば聞こえはよいですが、お客さんの夜も眠れないくらいのお困りごとを解決しているのであれば、適切な対価をいただいてよいのです。むしろそうしないと、ビジネスを続けることはできません。

人柄ビジネスがあなたの犠牲心から成り立っているとしたら、恋愛や結婚と同じで、どちらかが犠牲になり続ける関係は、長く続けられません。

では、どのようにしたらいいのかというと、**セールス未経験の方は、売り込まずに自然に売れる手法を学びましょう。**そのほうが売れ続ける起業家になります。

あなたがしていることには価値があるのです。きちんと対価をいただける手法=「その商品をわたしに売ってください!」とお客さんからいわれて、とても感謝されるセールスの手法のことを、わたしは**「あったかセールス」**と呼んでいます。

あったかセールスとは、わたしが営業ウーマン時代に編み出したセールスの手法で、寒い世界で凍えている顧客を、あったかい世界へお連れするというイメージで名づけました。既存の営業は、必要としていない人に営業マンが延々と説明し、商品を売りつけているようなイメージがあります。皆さん、このイメージがあるからセールス(営業)

が悪いことと考え、苦手になります。

あったかセールスの場合は、定義が異なります。

あったかセールスは、必要としている人にだけ商品を売ります。お客様のお困りごとや、課題を一緒にコーチングしながら見つけていきます。つまり、セールス＝お悩み解決の手法の1つ。セールス＝マッチングととらえています。

お客さんのお困りごとを詳しくヒヤリングして、自分が解決できるかどうかを一番重要視します。お困りごとにマッチングする商品を持っている場合、その商品の提案をします。

商品を提案するタイミングも大事です。お客さんとの出会いも含め、セールスは結婚と同じプロセスと考えます。お見合いしてすぐにプロポーズする人はいません。合コンで出会っても、すぐにプロポーズする人はいないですよね。

デートを5回程度繰り返し（SNSで関係性を育んでもいいです）、お客さんとの関係を少しずつ育んでいきます。デートというのはもちろんたとえ話で、5回くらい会うと、その方の人間性がわかります。自分のことも少しずつ知ってもらいます。

どのようなことで悩み、どのような未来を望んでいるのかがわかったら、ご提案します。

つまり、お互いをよく知り、相手が聞きたいタイミングで、商品を目の前に差し出すのです。

あったかセールスでは、こちらがご提案する前に、お客さんのほうから「こういう商品（サービス）は、売ってないんですか？」と聞かれます。お客さんのほうから、「売ってほしいです」といわれるのが特徴です。

実際にあったかセールスの手法をマスターした結果、セールス未経験なのに、お客さんに感謝されながら３００万円を売り上げた方、専業主婦なのに１００万円の売上を上げている方、成約率が２倍になった方もたくさんいらっしゃいます。「売ってくれてありがとう！」と、とても喜ばれます。

寒い世界で凍え、悩まれている人は、いまもたくさんいます。ぜひ、お客さんをあったかい世界へお連れください。

売れている人は言語化能力（価値を見える化する能力）が高い

強みをPR
私は○○でお役に立てます！
想いを言語化する
私のお役立ちポイント
•TOP 3•

プロ野球選手は「どうやったらホームランが打てるかな」「ヒットが打てるかな」など野球のことばかり考えています。

最高年俸で球団に契約してもらうために、プロ野球選手として成績を出すなどの結果を残す努力はしていると思います。しかし、「自分をいかに高く買ってもらうか」を伝える能力を磨くことは、おそらくしていないでしょう。

大リーグにいくプロ野球選手の年俸や契約内容は、選手に代わって代理人が交渉します。プロ野球選手は、専門性の能力を磨くことに集中して、代理人は選手のよさを伝えて契約の交渉をする。つまり、分業制になっています。

人柄ビジネスでは、プロ野球選手のような交渉人はいません。営業マンを雇えるお金もないので、営業、宣伝は自分で、つまり**商品の魅力は、自分で伝えていかないと、商品の認知度が高まることはありません。**

起業すれば、上司はいなくなり、あなたはいつ働いてもいいですし、毎月の売上のノルマもありません。その代わり自分の価値を１２０パーセント評価してくれる「モテ層」を見抜き、その価値をモテ層に適切に伝える表現力が必要になります。

人柄ビジネスの場合、あなたのサービス、商品の価値を言語化する必要があります。

あったかセールスやマーケティングについて知識がない場合、学ぶ必要があります。

「営業なんて必要ないよ」「笑顔でいればお客さんが自然に引き寄せられるよ」「引き寄せればいいよ」「あなたの感覚を信じればいい」という言葉を並べる人は多いですが、セールスやマーケティングが必要だということ教えてくれる人はあまり多くありません。

それを聞きたくない人（市場ニーズ）のほうが多いからです。「営業やマーケティングなんて必要がないよ」という人がいます。しかし、先述したとおり、**中小企業庁のデータでは、販売不信が原因で倒産している会社が7割もあります。ここは目を背けずに、あったかセールスやマーケティングを学ぶ必要があるのだと理解しましょう。**

引き寄せだけでは、オリンピック選手になれないのと同じで、起業も夢を叶えていくために、具体的な方法（あったかセールスとマーケティング）を学びましょう。

京セラの創業者、稲盛和夫さんは、それを「小善は大悪に似たり」という格言で表現されています。

「上司と部下の関係でも、信念もなく、部下に迎合する上司は、一見愛情深いように見えますが、結果として部下をダメにしていきます。これを小善といいます。表面的な愛情は相手を不幸にします。逆に、信念をもって厳しく指導する上司は、けむたいかもしれませんが、長い目で見れば部下を大きく成長させることになります。これが大善です。真の愛情とは、どうあることが相手にとって本当によいのかを厳しく見極めることなのです」

わたしも一般社団法人ライフミッションコーチ協会という人材育成と営業支援を行う協会を立ち上げて、代表理事をしています。認定講師さんからのご要望や改善点は、できる限り聞くようにしています。それは皆さんと一緒に創り上げていく協会にしていきたいからです。

「あったかセールス、マーケティング」の使い方は教えますが、代わりに営業をすることはありません。世界中どこにいても生きていける力が身につかないからです。

つまり協会では、ご飯を食べていくための経済力を身につける方法を教えています。

「選ぶことのできる人生」、それを叶えてくれるのが人柄ビジネスです。そのためには、「モテ層」を見つけたあと、モテ層に対してあったかセールスとマーケティングを行うのです。

ここの協会の認定講師さんは、あったかセールスとマーケティングが必要なことをこの協会ではじめて学び、実践している方ばかりです。

営業未経験の方がほとんどですが、学び、素直に行動された結果、講座を販売して、はじめて売上をあげることができた認定講師さんは数えきれないほど存在します。

しかし、わたしが「嫌われたくない」「好かれたい」という自分向きのベクトルで行動していたらどうなるでしょう。「営業しなくていいよ」「マーケティングは必要ないよ」といっていたら、そのときはとても耳触りがよいので好かれるかもしれません。しかし、認定講師さんに成果は出ないのです。だから人柄ビジネスで必要なことは、多少厳しくても必要だよと教えています。

子育てにも同じようなことがいえるのではないでしょうか。子どもが長期的な視点で考えて不幸せになると思ったことは、多少けむたいこともいうと思います。それは子どもを愛しているからにほかなりません。

あったかセールスとマーケティングをマスターしたら、誰でもどこでも生きていく力が得られるのです。このようなスキルを学校で教えないのが不思議なくらいです。

「モテ層」に対して、あなたの魅力や価値を代わりに伝えてくれる人はいません。だからこそ、あなたの価値を120パーセント評価してくれる「モテ層」を見抜く観察力と、自分の価値を適切に伝える言語化能力は、磨いておく必要があるのです。

実はわたし、この言語化が苦手でした。営業職時代は、会社の取引実績や信用財産という土台で、会社の商品を取り扱っていたので、自分をアピールしていたわけではありません。商品の売り方やコンサルティング営業のメソッドを知っていたとしても、自分をアピールすることはまた別の能力です。

日本人は、アピールすることが苦手な人が多いと思いますが、わたしもやはり、「このようなことをいうといいすぎかな」「女性なのに出しゃばった感じがするかな」とモジモジしてしまって、自分をアピールすることができませんでした。

しかし、言語化のメンターでもある和仁達也先生はその重要性を教えくださり、先生のもとで、自分のつくった商品、サービスの魅力、自分の人柄の魅力も含めた伝え方を学びました。和仁先生は、**「安心・安全・ポジティブな場」**といって、**何をアウトプットしても、否定しない環境**をつくってくださいました。そこで何回もアウトプットし、言語化能力を磨いていったのです。

その後、以前のわたしのような女性のために言語化能力を磨き続けられるよう、一般社団法人ライフミッションコーチ協会を立ち上げました。この協会では、一生をかけてやっていきたいライフミッション（使命）を見つける講座を開講しています。ここで内面ホリホリという自分に向き合う作業を3か月行い、「なぜ、自分がこのビジネスをしているのか」の理由を深く見つめていきます。

ここで言語化能力を身につけた人は、売れている女性起業家になっています。

「ＢＩＧ ＷＨＹ」から情報発信すると相思相愛のあったかいお客さんを引き寄せられる

相思相愛のお客さんを引き寄せるために必要なことがあります。

ゴールデンサークルという考え方を知っていますか？　これは『WHYから始めよ！』（日本経済新聞出版社）という本の著者、サイモン・シネック氏が提唱していることです。ユーチューブでも、「ゴールデンサークル　サイモン・シネック」で検索すれば、動画が出てきます。

このゴールデンサークルというのは、何なのかというと、**人は「なぜ」に突き動かされる**ということです。

下の図をご覧ください。

Whatは、「何の商品、サービスを売っているのか」ということで、あなたの肩書きや商品などを指します。

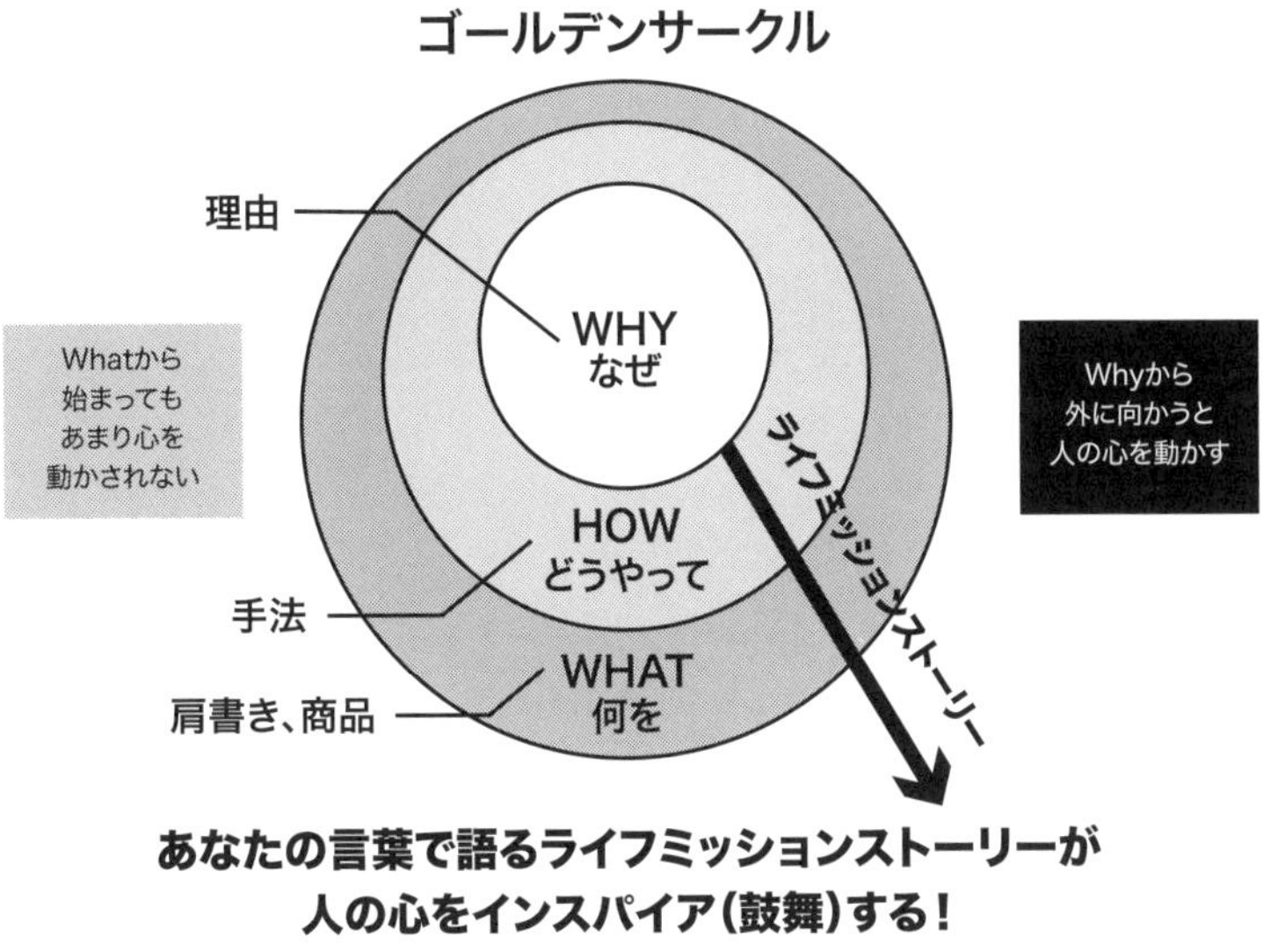
ゴールデンサークル
理由
WHY
なぜ
Whatから
始まっても
あまり心を
動かされない
Whyから
外に向かうと
人の心を動かす
ライフミッションストーリー
HOW
どうやって
手法
WHAT
何を
肩書き、商品
あなたの言葉で語るライフミッションストーリーが
人の心をインスパイア（鼓舞）する！

Ｈｏｗは、「どうやってその商品サービスを使うのか」ということで、手法を指します。

Ｗｈｙは、「なぜ、あなたがその商品を売っているのか」ということで、根幹の理由を指します。

ゴールデンサークルは、この輪を**内側の「Ｗｈｙ」から外側の「Ｗｈａｔ」に向かった順に伝えましょうといっています。**この伝え方によってあなたのもとに集まるお客さんが変わっていきます。

たとえば、あなたが経営コンサルタントだったとします。

Ｗｈａｔ「わたしは経営コンサルタントです。女性の起業支援を行なっています」

Ｈｏｗ「モテ層を発見するというメソッドを活用してクライアントの相談にのっています」

Ｗｈｙ「クライアントの悩みが解決されるのがわたしの喜びです」

この説明では、あなたが何のためにこのビジネスをしているのか、根源の理由がお客さんに伝わりにくいのです。


では、このゴールデンサークルの順番だとどうでしょう。

Why「男性社会の中で男性性を発揮して身体にムチを打って頑張ってきたわたしは、役職は上がり、収入も上がったけれど、心と身体はいつも疲弊していて、幸せに働く経験をしたことはありませんでした。いつも誰かに気を遣い、ありのままの自分を出すことに抵抗がありました。社会では、会社のいうことを聞くもので、ありのままの自分など表現してはいけないとすら思っていました。結果、会社は潤い、お客さんを幸せにできたかもしれませんが、それはわたしの心と身体の犠牲に成り立っていて(自分がそのようにしていただけなのですが)、自身はまったく幸せに働けてはいませんでした。次第にわたしの心と身体は磨耗していきました。

だから、わたしは過去の自分のように、仕事は好きだけれど、まわりに合わせ、気を遣いすぎて心が疲れている女性が、好きなことを仕事にできるようになってほしいと想い、この仕事を始めました。わたしの実践してきたことを、再現性高く、誰でも進められるノウハウにまとめているのは、過去の自分のような人がこれから好きなことを仕事にできるよう応援したいからです」

How「そのためには、講座や1対1のZoomによるコンサルティング、オンライン講座などでクライアントの相談にのっています」

What「わたしは、一般社団法人ライフミッションコーチ協会で、好きなことやライフミッションを見つけるお手伝いをしています。ライフミッションは見つけて終わりではありません、ライフミッションを生きる、まっとうする必要があります。

その道の途中には、試練があるかもしれません。できない壁があるかもしれません。そのときにライフミッションをあきらめてしまわないように、チームの力で応援できるような、安心、安全、ポジティブな環境を用意しています。

あなたが自分の好きなことを見つけ、それを具体的にどのようにお客さんに届けたらいいのだろう、どうやって売れる商品にしたらいいのだろう、といった具体的なノウハウを知りたい場合は、わたしの会社、(株)はっぴーぷらねっとで起業のサポートをしています。この寒く心が凍えきった地球をあなたのサービスであったかい地球にすることを応援しています。あなたと一緒にこの地球を一緒にあたたかくする、ハッピーな惑星にするために、この会社名にしました」


いかがでしょうか。感じ方は変わりましたか?

なぜ自分がそれをやっているのかの理由が明確に言語化できている人は、そう多くはありません。それは、「なぜ」の領域が、脳の構造上言語化しにくい領域にあるといわれているからです。自分の中に深く潜って内面ホリホリをしないと、Ｗｈｙを説明できる人はとても少ないのです。

もちろん、競合も言語化できる人は少ないため、これができると、競合とは差別化されます。共感してくれたお客様に、さらにサービスが売れていきます。

このようにＷｈｙ↓Ｈｏｗ↓Ｗｈａｔのインサイドアウトであなたのビジネスを説明すると、あなたのファンになり、相思相愛となるお客さんが、自然に引き寄せられてきます。

Ｗｈａｔから話すより、Ｗｈｙから話したほうが自分の想いを伝えやすいのはもちろんですが、相手もあなたがビジネスを行っている根源の理由がわかるので、真剣味がさらに伝わります。同じようなサービスで迷っていれば、そのような想いのあるあなたからこのサービスを買いたい、となるのです。

何のサービスなのかを説明するのは、Ｗｈｙを伝えてからでも遅くはありません。あなたの想いは会社の理念になります。あなたの熱い情熱に触れると、商品やサービスが売れていきます。熱量のある人から売れていくのです。想いのある人の商品は、売り込もうとしなくても、自然に売れていきます。

あなたの情熱の源泉＝ライフミッションを語っていきましょう。きっと、あなたの想いに共振共鳴する、あったかいお客さんが集まってきますよ!

マザー・テレサが100人いたら世界はもっと平和になっている

「わたしにしかできない個性ある仕事がしたいんです！」

いままで起業をサポートしてきた、多くの女性から聞いた言葉です。

わたしも以前同じように思っていました。だから、その気持ちはとてもよくわかります。

しかし、いまのわたしはそのように考えていません。なぜかというと、次のような言葉を聞いたからです。

「マザー・テレサは確かに素晴らしい。しかし、もしマザー・テレサにもっと起業家精神があったら、マザー・テレサが自分と同じ活躍ができる人を100人、1000人と育てることに成功していたかもしれない。マザー・テレサと同じような人がたくさん育成できていたら、世界はもっと劇的によい方向に変わっていたのではないか」


わたしが「人柄ビジネス　幸せ女性起業塾」をスタートした2012年当初は、女性の個人事業主に対して起業支援をサポートしている起業コンサルタントは、まだとても少なかったと記憶しています。男性の友人からは「女性の起業支援はもうからないから止めておいたほうがいいよ」とアドバイスを受けるくらいでしたから。

当時は、スマートフォンはまだ普及しておらず、ガラケー利用者が多い時代だったので、インターネットはPCで見ている人が多かったのです。インスタグラムもまだなかったですし、フェイスブックも日本に普及し始めたころでした。ＳＮＳの情報発信メディアは、いまほど盛んではありませんでした。インターネットを使った集客が始まったのは、２０１０年からで、ここ10年くらいの時代の変化です。

スマホユーザーが増え、携帯からインターネットにアクセスする数も増えました。いまは携帯電話所有者の８割がスマホユーザーといわれます。ＳＮＳで情報発信するメディアが増えていけばいくほど、個人で起業する（副業、本業含め）女性がたくさん増えたのです。わたしが教える人柄ビジネスも、２０１５年頃から受講生が増え始めました。

奇しくも、東京商工リサーチの調査によると、女性社長の数は、２０１０年から８年間で約２倍の数に伸びているそうです。そのころから、女性起業支援コンサルタントも増加していきました。

最初は需要のほうが多く、供給（サービス提供者）が少なかったのですが、次第に供給も増えてきました。先に経験しているという点で先行者利益はありますし、教えているノウハウの違いや人柄の違いは多少あると思いますが、わたしにしかできない仕事ではなかったのです。

ＳＮＳの情報発信メディアを使っていますから、売れていることがすぐにわかってしまいます。「あぁ、あのように商品をつくったら売れるのだな。市場ニーズがある」ということが一発でわかってしまうのです。また、1人で展開しているビジネスなので、ブログやサイトの内容もオープンですから誰もが真似でき、参入障壁が低いといえます。

ビジネスには、**「参入障壁」**という概念があります。**参入障壁とは、業界に参入しようとする際、障害になるもののことをいいます。**

たとえば、そのビジネスをするときに莫大な資金が必要である、または、技術的に真似されにくい商品である、特許を取っている、など、参入障壁になるポイントはさまざまありますが、1人のビジネスモデルである「人柄ビジネス」は、簡単に真似されやすいのです。もちろん、あなたの人柄は誰でも真似できるものではありません。そういった意味では、あなたの人柄は、最強の武器となるのですが、SNSは多くの人が気軽に発信できるメディアです。

もし、**いまあなたが売れていれば、真似をする人は増えていきます。**ここで、「真似をしないで」といったところで、市場の競争原理が働きますので、あなたと似たようなサービスをしていく人が増えていく可能性は否めません。

ビジネスをしている以上、同じことをしないでくださいということはできません。セブンイレブンがコンビニでコーヒーを売り出したら、ローソンもコーヒーを売り出します。そこに市場があると思った場合、ライバル、競合店が競合商品を売り出すのは、自然の摂理といえるでしょう。

2015年頃、内面ホリホリしてこのまま同じことを続けるのではなく、さらにワクワクする事業を行いたいと考えるようになりました。そこで見えた新しいヴィジョンは、「幸せな女性起業家を毎年1万人生み出す」というものでした。わたしの会社の社名は、「株式会社はっぴーぷらねっと」といいます。この社名は、次の理由によります。

女性は年を取るとともに、いろいろな思い込みを発動させて、人生の可能性を閉じてしまいます。もし、幸せに働ける環境がなかったとしたら、自分で創り出したらいいという意味を込めて、会社の理念を、「クリエイティング・ハピネス Creating Happiness」としました。わたしは、人柄ビジネスをしている女性起業家およびその予備軍に対し、精神的満足、経済的成功、家庭円満、運気上昇を手に入れるサポートをし、地球全体の幸せに貢献する、という事業目的が定まったのです。

新しいヴィジョンが見えたとき、わたしができることを他の人も同じようにできるように展開しようと思ったのです。そうしないと、毎年「幸せな女性起業家を1万人生み出す」というヴィジョンが実現できないからです。

自分と同じように活躍できる女性を100人、1000人、1万人……と増やすことができたとしたら、幸せに働ける女性が、日本にたくさんできるのではないかと考えたのです。そう考えたら怖くもありましたが、同時にワクワクも感じたのです。

それがわたしのＢＩＧ　ＷＨＹ（なぜその仕事をするのか）です。わたしの魂はそれを求めていました。

当時は「協会を立ち上げる」ということに対して、「お金もうけに走っている」という印象を持つ人もいました。実際に協会を立ち上げる前に「今度、協会を立ち上げるんです」といったら、何名かに「あ〜『協会ビジネス』ね」といわれたこともありました。しかし、わたしはヴィジョン実現のために、あきらめませんでした。

日本の女性が、不安で危険でネガティブな会社で心が傷つき、働けなくなる、子どもが生まれて専業主婦になって、年齢やブランクの問題でやりがいのある仕事につけない……そんなことはいやだからです。

どのような状況であっても、自分自身で幸せに仕事を0から創り出していけるとしたら、それはとてもよい世の中になるのではないだろうか、と思ったのです。

わたしと同じようなことをできる講師を増やしたら、日本の女性が確実に幸せに働ける時代が来るということだけは、直感でわかりました。その考え方はやっぱりいまとなっては正解だったと思います。

お客さんのお困りごとに耳をすましたら、新しい市場がそこにありました。

まだ3年という短い間にも関わらず、ライフミッションを見つける講座を受講した方は、全国に約200名になります。自分の内面と対峙する「内面ホリホリ」をするワンデー講座を受講された方は、約1500名以上もいます。

これはわたし1人では決して実現できない人数です。この短期間でできたのはチームの認定講師のおかげです。幸せになる人を増やすお手伝いを一緒にしてくれた皆にとても感謝しています。

だから、「わたしにしかできない仕事がしたい」というのは最初のスタートアップ時期はよいかもしれませんが、将来「自分のできること」を誰かにお願いするという展開で、影響力を発揮することもできるということをどうか知っておいていただけたらと思います。

そのような生き方も将来的には考えることができるのです。だから、ビジネスは面白い。どのような形にも、好きに変化させることができます。

きっと、あなたは困っている人を見捨てられない人だと思います。だからこそ、チームの力を借りて、あなたの影響力をダイナミックに発揮して生きるという道もあること知っておいてほしいのです。

Step 04

幸せに成功している人はパートナーシップが良好

男性の力を借りれば、女性はもっと幸せに成功できる！

わたしのまわりで起業し、幸せに成功している女性は、家族関係がよいという共通点があります。

一般的に、女性が考える「幸せ」「成功」とは、ビジネスだけでなく、プライベートな部分も充実してはじめて、達成できるのではないかと考えます。だから仕事で成功しても、その成功を一緒に喜んでくれる人がいないと、さびしいと考える女性は多いです。お金や夢を分かち合うことに感じる幸せもあります。だから、女性が幸せに成功するには、家族や恋愛を犠牲にして仕事に没頭するのではなく、**男性の力を上手に借りる**ことをおすすめします。

1人で仕事をすることになったら、うまくいかないこともあります。はじめての経験も多くなります。新商品をリリースする、提案書を作成するなど、これまでそのような経験をしたことがない方もいると思います。営業経験がなければ、お客さんに提案することもなかったでしょう。

また、自分自身についてSNSに情報発信することは、マーケティングやPR関係の仕事でないと、機会はありません。

人は、はじめての経験をするときには、緊張するものです。「ドキドキする。誰も欲しがらなかったら、世の中に必要とされていないみたいで、ショックだし……」と、新しいことをスタートするときは、不安でいっぱいです。そのときに、「緊張する！」「うまくできるか、心配なんだ……」と話を聞いてもらうだけでも、とても心が楽になります。人柄ビジネスで幸せに働こうと思うと、未経験のことを1人でクリアしていかないといけない場面が増えていくからです。

「男性の力を借りる」といっても、具体的に何か問題解決してもらうということではないのです。ただ、「うまくいくかどうかわからない、不安な気持ちで新しいことを始めるとき」の、あなたの緊張感をサポートしてくれる存在がいたら、とても心強いと思いませんか？　男性が、その仕事のことをよくわからなくても、弱音を聞いてもらえるだけで、女性は勇気づけられるのです。

新商品をリリースするとき、「売れるかどうか」「ヒットするかどうか」、100パーセントの保証はありません。売れないことや、人が集まらない可能性があるかもしれません。会社は、チームで力を合わせて新商品の開発をしているため、自分だけのせいと感じることは少ないと思います。自分を否定されたような気持ちにはなりにくいのです。

しかし、1人でビジネスを始めるとなると、何かを決めるのは、基本的に1人です。特に、自宅サロンでアロママッサージを提供する、カウンセリング、コーチングをするなど、商品と人柄が密接に結びついた人柄ビジネスの場合、売れなかったら自分が世の中から必要とされていないような気持ちになってしまいます（補足すると、商品が売れないということは、単に市場ニーズがないということで、自分が否定されているわけではありません）。

これまでしなかったような新しい経験をし、失敗する可能性もある。しかもそれは自分の人柄と関係性が高く、「その人のことが好きでなかったら買われない商品」だったら、売れないのは「自分のせいだ」とショックな気持ちを感じるかもしれません。

けれど、結果がどうであっても、自分のことを信じて応援してくれているパートナーがいたら、とても心強いでしょう。もちろん、女性であってもよいと思います。あなたのことを愛してくれて、あなた以上にあなたの可能性を信用してくれている存在がいたら、多少うまくいかない経験があっても、また立ち直ることができるはずです。

「レジリエンス」という言葉があります。精神的回復力とか自然治癒力などといわれています。ストレスや逆境にさらされても適応し、自分のヴィジョンを達成するために「再起する能力」をいいます。レジリエンス（精神的回復力）が高い人はどのような人かというと、人生の谷を経験したとき「弱音をいえる人が5人以上いる」人だそうです。

成功者といわれる人たちは、成功していない人よりも優れた能力があったのかというと、能力にさほど大きな差はないといわれています。成功者は失敗や挫折など、人生のどん底に落ちたという経験を持っている人がほとんどなのです。

では、成功している人たちとわたしたちとの違いは何なのでしょうか。レジリエンスを研究している学問「ポジティブ心理学」によれば、へこんだ経験があったときに、ものごとをどのようにとらえて精神的に回復していったかという、立ち直りの早さであるということでした。

たしかにへこんだときに、会社を辞めて沖縄に半年行ってきますという女性と（その選択が悪いわけではないですよ）、自分の失敗や弱音を聞いてもらえ、「あなたならきっとできるよ」と励ましてくれる人がいる女性。どちらが落ち込んだときの回復が早いかというと、聞いてくれる人がいる人のほうが、立ち直りが早そうですよね。

だから、あなたが何か新しいことを始めたいとき、それがいままでの人生ではじめてチャレンジすることが多そうな場合は、パートナーに心のサポーターになってもらうと、ビジネスがうまくいきやすくなります。

ビジネスの方法を教えてもらうとか、資金を借りるといった、具体的なことでなくていいのです。女性は、ただ話を聞いてもらうだけで癒やされて、安心する生き物です。

へこんだときに弱音を吐いたら、人には自然治癒力がありますので、レジリエンスによって、立ち直っていけます。

わたしもこれまで、仕事で失敗してへこむことは多々ありました（笑）。わからないことをリサーチして1つ1つこなしていく経験は、会社員時代以上に試されることが多かったのです。

男性は、実は女性をもっと応援したいと思っています。まだ失敗するとは限りませんが、転ばぬ先の杖同様、いざというときのために男性に頼っておきましょう。

男性は、女性が笑顔で幸せそうにしているのが好きです。だから、あなたが人柄ビジネスで幸せに働き、仕事も家庭も両方うまくいかせたいと思っているなら、ぜひ**パートナーを、あなたのヴィジョン（夢）の協力者として巻き込んでいきましょう。**

「パートナーをつくるのはめんどうくさい」という話を独身女性からよく聞きますが、男性は女性であるわたしたちの力強いパートナーとして、大活躍してくれます。わたしも今朝アロママッサージをしてもらい、夫に弱音を吐いて、励ましてもらいました。以前、編集者にけちょんけちょんに批判された経験があったので、今回この本を書くのが怖かったのです。

彼の応援がなかったら、わたしもこの原稿は書けなかった、と思います。

パートナーをあなたの夢の応援者第1号にする

収入ゼロから高収入になる人たちには、共通点があります。

それは、前の項でお伝えした、レジリエンスが高い人です。わたしはパートナーには弱音を吐くことができていたのですが、会社員時代には、同僚にはなかなか弱音が吐けませんでした。

それは、会社は働く場所で、気持ちを分かち合う場所ではないと思っていたからです。会社で弱音を吐いてはいけない。ただマシーンのように会社の目標のために気持ちを抑えて、ポジティブに働くものだと思っていました。

右の絵の、白と黒の図を見たことがある人もいるでしょう。白の部分は「陽」、黒の部分は「陰」を表す、「太極図」というものです。**わたしたちはこの図のように陰陽両方の気持ちを持っています。**

「悲しい」と思うときもあるし、「つらい」という気持ちになることもあります。また「腹が立つ」こともあります。その気持ちをビジネスシーンでお客さんに出すことはないと思うのですが、このような気持ちになることはあると思うのです。

すでにお伝えしたとおり、26歳のときに「水疱瘡になる」「自宅に泥棒に入られる」「中学時代からの友だちと大げんかをしてしまう」ということが続いて起こったのですが、大人になってから水疱瘡になるというのは、精神的にも身体的にもとてもつらい経験でした。そのうえ、泥棒にも入られ、親友とけんかすることになり、精神的に最悪のときを過ごしました。

「一生懸命生きてきたのに、なぜこのような出来事が起きたのだろう」と当時はとてもショックで、ショックで、それをきっかけに、わたしは運に興味を持つようになりました。

「なぜ、世の中には一生懸命頑張ってそれが報われて輝く人がいる一方で、一生懸命頑張っても、日の目を見ない人、報われない人がいるのだろう」ということが、わたしの中で疑問だったのです。


この出来事をきっかけに、運気アップの本を読み始めました。メルマガも、いまほど情報発信している人が少ない時代でしたが、運気アップメルマガはほぼ読んでいました。そこに書いてある運気アップ方法は、ほぼすべて試しました。「感謝をする」とか「いつも笑顔でいる」など簡単な方法が多かったですね。運気アップの本は自己啓発的な側面もあり、読むだけで気持ちが前向きになる本が多かったのです。マインド（考え方）が共通しているのでしょう。

その本に「感謝する」「いつも笑顔でいる」と書かれていると、仕事で何かつらいことがあっても、「怒っている自分はいけないことだ」「いつも感謝しなくてはならない」「わたしが悪いんだ」と本に書いてあるように、無理やり思い込もうとしていました。それはとても不自然なことだと、のちに心理学を学んで知ることになりますが……。

自己啓発本や西洋の成功哲学、運気アップの本に書かれていることは、先ほどの太極図でいうと、「白い面積をもっと増やして、中の黒もなくして白を真っ白にする」という考え方が多いのです。

これは、東洋にある陰陽の考え方とは違います。東洋の思想では、ネガティブな気持ちがあるのも当然のことと考えます。ただそれを人にぶつけるのは子どもじみた行動になるので、**ネガティブな気持ちとどのようにつき合っていくかが、大人になるととても大切になってきます。**

わたしは、運気アップのことを学んだおかげでよいこともたくさんありましたが、ネガティブな気持ちを抑えて生きてきました。結果、感情を押し殺してハードワーカーになり、燃え尽きるまで働いてしまったのです。

それは、短期的には文句をいわず会社のために働くのですから、よいことのように思えます。しかし、このまま人柄ビジネスをスタートしたとしても、我慢するというパターンは残るので、無理をする働き方をしてしまうのです。これではいつまでたっても幸せには働けないのだということを、レジリエンスや心理学的を学び、痛感しました。

収入ゼロから高収入になる人というのは、ネガティブな感情の取り扱い方がうまいし、へこんだときに話を聞いてくれる人がまわりにいます。まわりを上手に頼るのです。


会社員時代に、話を聞いてくれるチームメイトがいて、まわりを頼れたらどんなによかったでしょう。当時のわたしは、弱音を吐いたら「社会人失格だ」と思っていましたし、人に頼ってはいけない、自分1人で頑張らねばならないという思い込みがあったのです。

人柄ビジネスを開始したら、先ほどもお伝えしたとおり、はじめての経験が増えます。新入社員に戻ったような新鮮な気持ちで働ける一方で、わからないことだらけです。

自分の想いが通じるお客さんがいる一方で、行動がストップしてしまうことや、「自分なんて世の中に求められているのかな。わたしなんて……」と卑屈になったり、不安になる気持ちが出てきたりすることも、経験するかもしれません。けれど、そういうことをもひっくるめて、やりがいや面白さを感じることができます。

そのことをクリアしたら人として成長もするし、つらいこと、苦しいことがあるほど、達成感や充実感、喜びも2倍3倍に感じられます。自分で仕事を創り出すことには、会社員時代に味わえなかった類の充実感や喜びがあります。

だから、何かあったときには、自分1人で頑張ろうとせず、人に頼ることです。もちろん、自分でやっていくので、すべてを肩代わりしてもらうことはできません。自分で考える機会は増えるのですが、その一方で、パートナーに頼ってもいいのです。

そうすれば、はじめての経験も乗り越えていけます。人柄ビジネスで自分の好きなことを仕事にしていけば、収入が上がり、夢が叶い、好きなときに働けて、自由な時間が増えます。あなたの夢が叶っていく旅路のなかで、応援してくれる人が少しずつ増えていくことでしょう。


パートナーはあなたの夢が叶うプロセスの中では、あなたの応援者第1号として、力強い存在となります。いろいろなことがあるかもしれませんが、自分1人だけで頑張るというのは、得策ではありません。応援してくれる人を増やしていくのも、人柄ビジネスの醍醐味《だいごみ》です。誰かを頼るとか弱音を吐くなどしてはいけないと、以前のわたしのように思っている女性がいるかもしれませんが、パートナーに弱音を吐き出せたおかげ、応援してくれる人がいたおかげで、わたしはどれだけ精神的に助けられたかわかりません。弱音を吐ける人が、レジリエンスが高い人です。

あなたがへこんだときに、話を聞いてくれる人を、最低1人見つけておきましょう。あなたの夢を叶えるために。

パートナーに応援してもらうためには何を話せばいい？

パートナーはあなたの夢が叶うプロセスの中で、あなたの応援者として力強い存在となります。誰かを頼るとか、弱音を吐くというのが、苦手な女性がいるかもしれません。わたしは起業してから、パートナーに弱音を吐き出せたお陰で、どれだけ精神的に助けられたかわかりません。感謝してもしきれないほどです。成功している人は、才能や努力や運が素晴らしいだけではありません。普通では乗り越えられないような壁にぶち当たったときに、たいへんな状況をまわりの応援者に打ち明けられ、弱音を吐ける勇気のある人なのです。

パートナーに応援してもらうにはどのようにしたらいいのでしょう。

「なぜ、その夢を叶えたいのか」という、原動力となるＢＩＧ　ＷＨＹを語ることです。理由を伝えると、パートナーは、より応援してあげようという気になってくれます。パートナーにはヴィジョンや想いを言語化しましょう。以心伝心では伝わりません。

では、あなたの夢をどのようにパートナーに伝えたらいいのでしょうか。実は、伝え方にはコツがあります。

リクエストのタイミングは、相手との関係性が良好なときです。相手が疲れていなくて話を聞いてくれる余裕のあるときに、時間をとってもらいます。伝えるときには、きちんと前置きしてから始めましょう。

「いまからわたしが話すことは、夢物語だって思うかもしれない。もしかしたら、そんなの無理だっていいたくなるかもしれないけれど、よかったら最後まで聞いてもらいたい。わたしはこれから人柄ビジネスで起業していきたいと考えています」

雑談のついでに話すのではなく、これから自分の決心を話すのだということを、パートナーにまず伝えてください。これはあなたの真剣さを示すことにもなります。

「起業といっても今は店舗も借りず、社員も雇わず、扶養内から小さくスタートできる時代だから、お金がないと始められないとかではないから、心配しないで」

併せて、決して大がかりなことを考えているのではない、つまりパートナーがまず心配するであろう経済的な負担は、極力少ないということをいっておきましょう。

次に、具体的にどんなことをしたいのかを話します。その際、なぜそうしようと思ったのかというきっかけから丁寧に説明するとよいでしょう。たとえば、アロマサロンを開くことを伝える場合、そう思ったきっかけ、原動力となるＢＩＧ ＷＨＹを伝えます。さらに、そこで見つけた自分の使命、具体的な計画、将来の展望などを話しましょう。

「自宅でサロンをオープンしたいと思っています。わたしは、アロママッサージで、身体が癒やされたら心も癒やされたという経験をしました。

だから、わたしは過去の自分と同じように悩んでいる人に対して、それを解消するサービスを提供したいと思うようになりました。最初のうちは、やっている仕事と並行して行うけれど、いずれはこの仕事一本でやっていきたいから、まず自宅サロンで小さくスタートしてみたいと思っています。

具体的には、土日に自宅サロンを開業したいと思っています。部屋を1つ自宅サロン用にしたいのだけれど、協力してくれたらうれしいなと思っています」


ここで大切なのは、必ず協力を求めるパートナーにとってのメリットも伝えることです。

「もちろん、技術を習得したので、疲れて帰ってきたあなたを癒やしたいとも思っています。それに、売上が上がっていけば、家族で旅行をしたり、楽しんだりするためのゆとりもできるようになると思います」

ただ自分の夢だけをいうのではなく、相手のことも気にかけていること、自分の夢には相手も含まれているのだということを伝えましょう。自分の夢を叶えることで、相手にもどんなメリットがもたらされるのかがわかると、応援してくれる確率も高くなります。

さらに事業を始めるうえで、相手へのリクエストも出します。

「もし夢を叶える途中でへこんだときに、問題解決はしなくていいから、ただ話を聞いてもらいたいの」

相手に自分のＩｗａｎｔ＋Ｗｈｙでやりたいこと、そして、パートナーに何をサポートしてほしいのか、具体的な役割を伝えます。その夢には必ずあなたのパートナーや、あなたの家族を登場させましょう。男性はヴィジョンが理解できて、何をサポートしたらいいのかがわかると、きっと応援してくれます。

相手にリクエストする心構えとして、期待が大きくなりすぎると、パートナーも不自由感を感じてしまいます。相手に「期待（下心と呼んでいます）」をしないことです。あなたが応援してくれたらとてもうれしいなという、フラットな気持ちで伝えます。相手が応援してもしなくても、パートナーの自由というように、相手に選択の権利を残した形でリクエストしてみましょう。

もし、パートナーがこのリクエストを断って険悪な雰囲気になった場合は、彼にいま余裕がないか、あなたとパートナーの関係が悪化しているのかもしれません。パートナーとの信頼関係が悪化している場合は、リクエストするタイミングではありません。信用

を取り戻すことが先です。

このとき、パートナーに夢の応援を断られるなど、「神様からのお試し」として、自分の夢の本気度を試すようなことが起きることもあります。「どうせすぐ辞めるでしょ」といわれたのであれば、家庭でも、信用財産を積み重ねていきます。夢に近づくための**「いまできることの積み重ね」**をしましょう。行動の積み重ね（たとえば、実現のための行動を継続するなど）や、小さく始めて売上を見せていくなどの結果をみせるのです。それを見たパートナーは、「この人は本気だな」と思ってくれます。

「女性のくせに、ヴィジョンを語るなんて生意気な！」と思うようなパートナーであれば、女性が夢を語って生きていくという生き方を認めていないのかもしれません。

もしかしたら、あなたや家族を養っていく生活費を稼ぐのにせいいっぱいで、あなたの夢を応援する余裕がないのかもしれません。その場合は、愛と時間をたっぷりかけて、相手との関係を解きほぐしていきます。ビジネスを始めて、生活できるだけの売上をあげるのも1つの条件かもしれません。

「どういう条件が整ったら応援したいと思える？」などと質問してみましょう。そうすると、パートナーの本音が聞けるかと思います。

ヴィジョンのある女性を応援してくれる男性との出会いをつくるには?

1, 働いていることを応援してくれる
2, 料理を一緒につくってくれる
3, 子育ても一緒に楽しめる
4、旅行で感動を分かちあえる

わたしは、最初のパートナーとは26歳のときに結婚しました。16年の結婚生活でとても仕事のことを応援してくれていました。何よりも、とても愛してくれていました。当時は、26歳で結婚するというのは、早くもなく遅くもなく、平均年齢くらいでした。当時、将来のことを何も考えずに結婚した、というのもおかしな話ですが、自分自身が、あまり長い人生をイメージできておらず、将来どのような人生を生きるのか、仕事は続けたいのか、どこに住みたいのか、子どもは何歳で欲しいのかということを深くは考えていませんでした。父や母と同じような結婚生活を送ると思っていました。だから、そのとき好きな人と結婚しました。

結婚に夫婦のヴィジョンの重なりが必要だとは、考えたことがありませんでした。「人柄ビジネス」で好きなことを仕事にし始めてから、法人を設立して会社のヴィジョン、わたしのヴィジョンが次第に大きくなるにつれて、彼との家族のヴィジョンの重なりがなくなっていったのです。

それをお互いに合わせるために、どのようにしたらよいだろうかと、3年間試行錯誤したのですが、結果、話し合ったうえでお別れすることにしました。わたしの辞書に、離婚という文字はありませんでした。だから、とても苦悩しました。

夢を叶えたいと思う自分、会社経営者という自分、社団法人の代表理事という自分、仕事が大好きな自分にならなければ、いまも一緒にいられたのだろうかと思ったり、わたしさえ我慢すればよいのだろうと思ったり、何度となく葛藤しました。

話し合いが平行線をたどって3年の話し合い期間が過ぎたとき、この先、自分の夢が叶えられない状態のまま10年経ったら、この人のせいにしてしまうと思ったのです。自分の人生の責任を人のせいにするのがとてもいやなので、たくさん話し合いをし、お互い別々の道を歩むことになりました。たくさん泣きました。人生の中で大切な出会いの1人だと思っていますし、いまもとても感謝しています。

離婚についてはネガティブな想いが多くの人にあるのも知っています。だからこそ、これから起業しようと思っている未婚の女性にいっておきたいのです。

仕事を持っていたり、夢があったりする女性は、結婚をあきらめないといけないのでしょうか。

男性は女性の可能性の壁になるのでしょうか。

いいえ。わたしはそうは思いません。だから、この章を参考にして、あなたの夢や仕事を応援してくれるすてきな男性を見つけてもらいたいのです。

ここに、わたしが再婚をしたときのステップを書いておきますね。

わたしは、まずどのような人が理想なのかを紙に書き出しました。年齢がどうとか、容姿がどうとか、仕事をしている女性を好きになってくれる男性はいないだろうとか、そのような思い込みはすべて外して、とにかく自分の理想を紙に書き出しました。

もし魔法の杖があって、あなたの夢が全部叶うとしたら、どのような男性に出会い、どのようなライフスタイルを送りたいのでしょう。なぜ、その生活を送りたいのでしょう。

あなたもぜひ書き出してみてください。たとえば、「会話が面白い人」とか「スポーツ観戦が好きな人」とか、「料理が好きな人」とか、思いつくまま書き出します。そうするとなぜそういう人がいいのかという、あなたの価値観が浮き彫りになります。それは、パートナーを探すときや選ぶときの、1つの判断基準になるのです。

「そのような人が日本にいるのか」とか、「こんな人はもう結婚しているだろう」という心の声は無視して、「ええい！　ままよ！」とやぶれかぶれで書き出します。これは、よく熟考して書き出すという類のワークではなくて、やぶれかぶれに書き出すと、あなたの本心や本音が出てきやすくなります。1～10個までは割と出てきますが、40～50を超えると書く手がだんだん止まってきます。100個に近づくと、頭を絞ってひねり出さないと出てこなくなります。

すべて書き出せたら、あなたが大切にしている価値観がわかるようになります。一気に書き出せないときは、何日にも分けて書き出してみるのです。

100個くらい書き出せたら、なぜそのような人がいいのかというのを深掘りしていきます。たとえば、わたしが紙に書き出した理想のパートナーを一部ご紹介します。

・夢がある人
・夢を実現するときに実現するだけのリスクを取っている人
・わたしのことを大切にしてくれる人
・わたしの仕事に理解のある人
・料理教室に一緒に習いに行ってくれる人
・「かわいいね」「かっこいいね」など愛の言葉をいうジュテームの関係を築ける人
・ポジティブなストロークや気遣いができる人
・発展途上国に行っても、耐久力のある人(精神的、体力的に)
・経済的に一緒にいることで繁栄していける関係を築ける人(お互いお金持ちになる意志がある)
・わたしのことを心から応援してくれる人、一番のファンでいてくれる人
・子どもが好きな人、子どものお世話をよくしてくれる人(お互いにする)
・子どもに対する教育観が一緒の人、子どもの笑顔を見るのが好きな人

・2人が愛し合うことで、よりライフミッションが円滑に進み、幸せになる人が増える
・お互いに一緒にいることで、精神的にさらに自由になる感覚が味わえる人
・ライフミッションを生きている情熱的なわたしをいいね、といってくれる人
・やってはいけないことをそっと優しく教えてくれる人
・いつも、「頑張っているね」とか「頑張ってね」と励ましてくれる人
・ホテルに泊まるときは一流ホテルやリラックスできる波動の高いホテルに泊まるのを、いいねといってくれる価値観を持っている人
・お互いに積極的に美味しいものを食べに行こう！といい合える人
・「今日は、こんなことがあったんだよー」と自分のことや気持ちを話してくれる人
・家族を大事にしてくれる人
・仕事に一生懸命な人
・胸キュンもするけれど、安心感も感じられる人
・お互いに感謝の気持ちを忘れない、潤いのある関係を築ける人
・仕事でつらかったときの話を聞いて受け止めてくれる人
・何かあればリクエスト（要望）をいい合える人
・つらいときにはそばにいて弱音をいえる人（お互い）

・たくさんの人と会話するのを許してくれる人
・美術館に一緒に行ってくれる人
・未知なるものにチャレンジしている人
・興味のあることをとことん学んでいる人
・幸せにしてあげたいと思う人
・2人のエネルギーが合わさることで、最高のエネルギーが生まれる関係が築ける人
・この人と一緒にいると「世界が2倍、3倍に広がっていく」感覚がある人
・一文無しになっても「この人についていきたい」と思えるくらい力強い人

これらが、わたしが当時書き出した理想のタイプの一部抜粋です。たまに見せてくださいといわれるので、恥ずかしいのですが、何かの参考になればと思ってお見せします。

わたしは自分が好きなことで仕事を得ているので、経済的に自立している基盤をつくっていました。だから、年収1000万円以上などと、相手に経済力は求めていません。

お互いにヴィジョンを持っていて、その重なりがあることを重視しています。わたしがヴィジョンに向かって成長していくときに、相手も成長やチャレンジをしている人のほうがいいし、お互いの成長のスピード感が似ている人がいいと思いました。けれど、

家族の幸せを犠牲にしてまで、ビジネスを短期間で大きくするのも違うと思ったので、家族を大事にしてくれる人と書きました。

わたしの場合は、誰かに認められるためとか、親や友人に認めてもらえる男性というよりは、このような人と一緒にいたいと思える男性かを考えるとともに、自分のあり方を大切に考えて、理想のパートナー像を書き出しました。

これを書き出したときに、彼から告白をされました。彼は、もともと学びの場所で出会っていた友人の1人でした。彼はわたしの夢にとても共感してくれて、それを応援するのが心から好きな人でした。そのとき、「わたしには夢があり、このような人と一緒にいたいと思っていますが、どう思いますか」と、書き出した紙を彼に見せたのです。

彼は「その条件はすべて満たしているから、結婚しましょう。もし、満たしていなかったら教えてください」といわれました。そして結婚し、子どもが産まれ、いまに至ります。

離婚から結婚、そしていまに至る流れの中で、勇気を必要とする決断をするたび、とても怖かったです。でも、いまは勇気を出して一歩踏み出した自分、別れた夫にとても感謝しています。いま思うことは、すべての出来事には意味があるということで、感謝しかありません。


女性の夢を応援したい男性は世の中に存在します。そのような人を探してください。

ありのままのあなたを出す＋《プラス》夢に生きている人があふれている場所に行く

あなたの夢を応援してくれて、苦しいときには弱音が吐ける……そんな理想の相手を探す方法はちゃんとあります。

それは**「ありのままのあなたを出す」**ということです。「ありのままのあなた」とは、いってみれば、あなたの本性のことです。これは隠さなければ自然に出てしまうと思います。

いろいろな仮面をつけたさないということですね。

わたしは自分がヴィジョンを情熱的に語るのは好きではありませんでした。ヴィジョンを語ると自然に熱がこもってしまうのが、ありのままのわたしの姿なのですが、「男性はヴィジョンを語る女性なんて、好きではないだろう」「生意気だと思われるのではないか」という思い込みがあり、男性に見せることはなかったのです。私のクライアントさんは、女性が多かったので、男性に本性を見せることはありませんでした。

会社員時代は男性が多い職場で働いていたのですが、仕事が好きで熱中するタイプだったにもかかわらず、自分の意見をいうというのが、とても苦手でした。とても賢い人たちが集まる中で、つい素朴なことも質問してしまうわたしは、「このようなことをいうとほかの人たちにばかにされるのではないだろうか」とか、「恥をかくのではないだろうか」とか、「女性のくせに生意気だといわれてたたかれるのではないだろうか」という気持ちがあいまって、仕事の戦略について質問したり、確認したりすることはできても、自分はこのようにしたらいいと思うという意見をいうことはできなかったのです。

ビジネスセミナーなどに参加するときも、人見知りこそあまりしないのですが、目立たないようにしようとか、自分の意見をあまりいわないでおこうという性格です。相手がどのようなタイプかわからないので、わたしのことをいきなり話すのではなく（興味がない可能性が高いので）、相手の話を聞くことや、セミナー講師の授業を学ぶというのに注力し、目立たないようにしていました。


いまのパートナーとは、ビジネス合宿で出会いました。わたしのメンターである和仁達也先生が、山梨県清里の大自然にあるペンションで、コンサルタントを養成する塾の卒業生向けにビジネス合宿を毎年行っており、そこに参加したのです。

２０１５年からわたしはその合宿に参加して、一般社団法人ライフミッションコーチ協会を立ち上げるために、先生に見落としていることがないか、示唆をいただきました。もちろんここで恋人を見つけようと思っていたわけではないので、自分のビジネス好きな性格を全面的に出していました。

わたしは、小さいながらも会社経営者です。ビジネスが好きで、女性が幸せに働けるようサポートをしています。そのことの情熱は尽きることがありません。だから、真剣に先生にコンサルティングをしてもらいます。また、経営者として知らないこともたくさんあるので、たくさんの質問に答えてもらいます。

先生は、「安心・安全・ポジティブな場所」といって、わたしたちが話しやすく、質問しやすい場づくりをていねいにしてくれます。だから本音が出やすく、ビジネスの質問もし放題なので、ビジネス好きなわたしにとっては水を得た魚のようだったと思います。他の参加者に失礼のないように気を遣ったとしても、自分の質問の番がまわってきたときには、困っていることを相談するので、ありのままの自分が出ていたと思います。

まわりの男性たちは仲間であり、会社の同期とか同じ会社の人ではありません。嫉妬される恐れやたたかれる心配などもない場所なので、わたしは自分の会社のこと、協会運営のことなど、まわりを気にすることなく、質問をしまくっていました。

わたしの様子を見ていたパートナーの、好きな女性のタイプは、「ヴィジョンを熱く語る人」や「ビジネスに真剣に向き合う人」や「いったことをやりとげる人」や「本性を見せてくれる人」だったのです。まさに**ありのままのわたしと、相手の好みがマッチングしたのです。

もし、わたしが婚活アプリに登録したり、結婚相談所に入会したりして、髪を巻き髪にしてビジネス好きなことを隠してパートナーを探していたら、いつまでも好みのタイプの人を見つけられなかったかもしれません。ちなみに、ちきりん著『マーケット感覚を身につけよう』（ダイヤモンド社）によると、結婚相談所は20代の女性に需要があるマーケットだそうですから、40代で離婚歴のあるわたしは、マーケット外で、需要はなかったでしょう。

ビジネスと同じで、**パートナー探しも、自分が供給できることと相手の需要がピッタリあうことは必要です。**まさに彼がわたしにとっての恋愛でのモテ層だったのです。

人柄ビジネスも恋愛も同じです。ありのままのあなたを隠したら、あなたのよさが消えてしまいます。ありのままのあなたでいるには、一生懸命生きることです。一生懸命生きたら本性を隠す余裕がありません。隠そうとしても自然に出てしまうものです。それがあなたのよさです。隠さないで生きてください。マッチする人が世の中にはいます。

あなたがもし夢を追っている人であれば、同じように夢に向かっている人が集まる場所にいくことをおすすめします。そうすると、あなたの夢も応援してくれますし、成長スピードも同じなので、ヴィジョンの重なりがあるかどうかも、おつき合いする前に確認できます。結婚は長いおつき合いです。あなたのありのままを出せる場所で出会えたらいいですね。その場所を探してください。そしてよい出会いがあることを祈っています。

Step 05
なぜ人柄ビジネスには運気アップが必要なのか?

人生どん底の経験から約20年「運気アップマニア」として生活した結果

これまでお伝えしたように、2001年、26歳のときに、「大人になって水疱瘡になる（これがつらい……）」「泥棒に入られる（中国人窃盗団に20万円盗まれる）」「人間関係で中学時代からの友人とけんかする」という人生どん底の年を経験しました。

思えば、そのときがわたしの人生が変わる転機となるのですが、当時のわたしは「こんなに一生懸命生きてきたのに、何でこんなに悪いことが起きるんだ！　涙」と落ち込んでいました。

こんなに災難が続くなんて、これは何か原因があるはずだと思いました。それをきっかけに、いままで（自分なりに）一生懸命生きてきたのに報われない。この世には**「運のよい人」**と**「運の悪い人」**がいるのはなぜなのだろう、ということを不思議に思うようになります。そして、運気アップの道にはまっていったのです。

それから、本屋さんの運気アップコーナーに通い、当時出版されていた運気アップの本で、読んだことのない本はないくらい読み漁りました。運気アップの本だけではなく、運気アップメルマガも登録し、運気アップの情報収集が趣味＝ライフワークになりました。ライフワークというにふさわしいほど、情報リサーチの日々が続きます。そうするうちに、運気のよい人がわかったり、運気のよさそうな場所がわりと肌ですぐキャッチできるようになりました（最近は昔ほど情報収集はしなくなりましたが）。

運気アップの本を読んでは、自分を実験台にして試すという試行錯誤の日々。「トイレ掃除がよい」と聞けば、毎日トイレ掃除をしました。いまも、外のトイレを使うとき掃除します。トイレ掃除をすると「うんこ」がついていたらラッキー。「うんこ」を掃除するのは汚いのですが、金運がアップすると書いてあったので、素直に行動し続けました。

26歳から「本代はケチらず、欲しい本はどんどん買おう」と自分の中で決めていますが、これも「運気アップ本」の中に「本など学びについてお金を投資することにケチらない」とあったからです。素直な性格なので、「本代はケチらずに買おう」ということを、いまでも実践しています。

過去から現在に至るまで、本代にいくら使ったのかわからないくらい、運気アップの本をはじめ、マンガも含めてさまざまな本を買い続けています。いまでも本は何十冊と注文します。キンドル（電子書籍）を購入することもあれば、本を注文することもあります。本棚も家にありますが、読まなくなったら定期的に捨てたり、人にあげたりしています。26歳から45歳のいままで、約20年間、毎月22、23冊以上の本を読んでいると計算して、約5000冊は本を読んでいると思います。わたしにとって、それはあまり苦ではないことで、「世の中の仕組みはどうなっているのだろう？」という問いを持って本を読むのが、日常の習慣となりました。

現在は、クライアントさんに「この本を読むといいですよ」とアドバイスをすると、「なぜ、そのような情報まで知っているんですか?」と聞かれることが多いのですが、日常的に本を読むので、知っている情報と相手のお困りごとのマッチングを自然にやっているのです。「知らないことを教えてあげる」「その人に最適な情報をマッチングして提供してあげたい」というのがわたしの喜びであり、強みでもありますが、呼吸できるくらい自然にできることなのです。**顧客のお悩みに最適な情報をマッチングしてお伝えするというのが精神的喜び(精神的報酬)**なのです。

約20年近く運気アップマニアとして生活をした結果、会社員時代からいままで、次のように「運気よく」過ごしています。

●仕事

会社員時代は、毎月ノルマを達成し、営業成績トップクラスを維持。そのおかげで女性で大企業の管理職になれました。上場企業への転職に成功し、大阪の支店長になりました。

経営者になってからは、有名な著者のメンターがいつもかわいがってくれます。「旅をしながら仕事がしたい」という希望が叶い、満足いく年商を確保しながら、年に5回は海外に行っています。代表理事を務める一般社団法人ライフミッションコーチ協会の運営もうまくいき、優秀なスタッフに恵まれています。

●お金

大阪支店長時代は、昇進と同時に年収600万円になり、経営者となったいまも自分の希望どおりの年収を得ています。また、パートナーは年商1億円を維持しています。

●結婚、家庭

5歳年下の夫は、ヴィジョンを応援してくれ、仲よく毎日を過ごしています。44歳の初産で子どもにも恵まれ、夫は家事、育児に協力的です。
住みたいエリアの新築分譲マンションを底値で購入できました。

仕事、お金、家庭、人間関係、すべてがうまくまわっていると実感しています。最近は、「どのように運気をアップしているんですか？」と質問を受けることも多いので、202ページの運気アップ行動リストにまとめてみました。ビジネスもプライベートもおかげさまで順調なのは、運気アップ習慣があるからかもしれません。

「ラックマネジメント」という言葉がありますが、運はマネジメントすることができます。運気アップの習慣は続けることが大切です。まずは続けやすい小さなことから始めると、継続しやすいでしょう。

運がよいとは思いますが、わたしは起業、ビジネス、経営について、いつも学んでいますし、素直に行動し、実践し続けています。だから、金運神社にいくだけの、まったくの他力だけではなく、努力もしているとは思います。経営セミナーなどにも毎年投資し、学び続けています。だから運気アップは自助努力をしてこその、チャンスの追い風のようなものだと思っていただければと思います。

他力本願だけでは運気は開けていかないからです。**あなたが動き出してこそ、運が動いていきます。**運気アップの方法で効果が高いと思うのは、掃除をする（気が動く）、方位学（運のよくなる方向に旅行、引越しをして、よい気を取ってくる）、エネルギーの高い人と一緒にいる時間を過ごすなどがあります。運を高め、自分の中のエネルギー値を高めるのが、掃除などの運気アップの習慣だと思います。

運はエネルギー値の高いところに集まります。あなたがネガティブな気持ちでいっぱいだったら、少し疲れているのだと思います。そんなときはまず、身体のメンテナンスから始めてはいかがでしょう。

億万長者のメンターが毎年通う金運神社

起業すると、運気アップが必要になります。会社を経営していくと、会社員のときと同じように毎月ある一定のお給料が必ず入ってくる保証はありません。運と縁は同じです。ある人の縁のおかげでビジネスが成功したというケースもあるのです。だから、**運に興味がない人も、運について知っておいて損はありません。**あなたを引き上げてくれるメンターとの出会いも運のひとつです。また、商品が時代の流れにうまくのるかどうかも、運の要素があります。

もちろん、あなたが行動した行動量と比例する部分もありますが、行動したその日に受注があるとは限らないのです。その代わり、会社員以上のリスクをとっていますので、会社員以上のお給料を得ることができます。

人柄ビジネスのスタートアップ期は「アジアの怪しい両替所」のような存在です。信用財産ゼロのところからスタートし、「お客様の声」や取引回数が増えていくにつれて「この人は信用できる」という評価が徐々に増えていきます。あなたの経験や実績も年数も増えていきます。年数が経つと、会社員のとき以上に信用や収入が増えていきます。しかし、会社員以上に収入が増える可能性があるといっても、あくまでそれは可能性の話です。

人柄ビジネスの場合、自分の収入は「市場ニーズがあるかどうか」が大きな要素です。もちろん、あなたが情熱を持って取り組める、好きなことを仕事にしてほしいのですが、あなたの情熱だけが収入に変わるものでもありません。お客さんの夜も眠れないくらいのお困りごとを解決する商品になっているか、時代の流れ、日本の人口構成など、実際にお金を支払ってくれる人の市場ニーズによって決まっていきます。そして、競合がたくさんいるかどうか（競合がたくさんいると売れている市場なので売れていきます）、そのなかで競合に勝てる状況かどうかというのも必要な要素として入ってきます。先行者利益といって、その市場ニーズがまだあるかないかのときに先に参入できた会社は先に参入したので利益が出る可能性が高いです。しかし、リスクリターンの関係で、必ず売れるとは限りません。時代を読むことも必要になってきます。

「運気の本」を書いている人は、実は会社経営者がとても多いのです。運について考えさせられる機会が、会社経営をしていると多くあるのでしょう。たとえば、売上1000億円企業イエローハットの創業者、鍵山秀三郎さんの『掃除道』（ＰＨＰ研究所）などは、一見会社の経営には関係ないような話です。しかし、誰でもできる簡単なことを凡事徹底する、創業以来続けた「掃除」は、会社経営にとても影響を与えていると述べられています。

また、これは有名な話ですが、パナソニックの創業者、松下幸之助さんは、面接のときに必ず「あなたは運がいいですか?」と質問したそうです。「運が悪いです」と答えた人はどれだけ学歴や面接結果がよくても不採用にしたそうです。なぜ採用しなかったかというと、人は何かに失敗したとき、傷つきたくないから「運が悪いから仕方ない」と、運のせいにしようとしてしまうからです。

一方、同じ失敗をしたときでも、見方を変えて出来事のよい面を見ようとする人もいます。一見、運の悪いような出来事が起きたあと、さらなる成長を求めて改善したり、チャレンジしたりする人もいます。エジンバラ大学のリチャード・ワイズマン博士が運について リサーチした結果、**運は魔法の力でも神様の贈り物でもなく、「考え方」や「心の持ちよう」が大きく影響する**という研究結果を本にまとめています。当時運が悪いと思い込んでいたわたしには目からうろこが落ちるほどの衝撃でした。そして、読み進めていくうち、運がよくなる方法というのはたくさんあるけれど、**日々の行いや人に対する態度や、行動の積み重ねなどは、運の良し悪しを決める大事な要素**だということに気づくのです。

それからますます運気について興味が増していきました。会社を経営するようになってから、運の知識は持っておいてよかったなと思います。なぜなら、先ほどもお伝えしたとおり、会社の売り上げは毎月会社員のように固定ではないからです。うまくいくときもあれば、うまくいかないときもありますが、それにあまり一喜一憂しなくなりました。商品が計画したとおりに売れることもあれば、売れないこともあります。でも、お客さんのリサーチをしたらだいたい売れます。

商品が売れるかどうかは、お客さんとの答え合わせです。売上は、会社経営の通信簿です。お客さんの困っていることを解決したら、あなたの売上が上がります。ビジネスはシンプルにお困りごとを解決したら売上が上がるのです。

運さえあれば、何もしなくてもビジネスが成功するというものではありません。しかし、運はあなたの夢を叶える追い風になります。運は、あなたの心強い応援団のようなものです。好きなことを仕事にするとき、市場のニーズがずっと変わらないことはありません。ライバル店が現れないとは限りません。いっときは好調でも、あるときには不調になることもあるかもしれません。だから、安心してビジネスを行うためにも、運気アップはとても必要になるのです。

そして、**運気アップは、心がけ次第といった話も多く、運のよい経営者に必要なマインドもあり方も教えてくれるのです。**わたしは会社を立ち上げるまえにこの基礎知識があって本当によかったなと思います。いまも運がよいと思います。

起業して億万長者になったメンターにお会いしたら、高確率で金運神社に毎年通っていることを知りました。経営の神様と呼ばれた船井総研の創業者船井幸雄さんは、万物が蘇生する場所のことを「イヤシロチ」と呼んでいたのですが、イヤシロチはマイナスイオンが多く、高いエネルギーにあふれ、何かしら素晴らしいことが起きている場所といわれています。つまり、パワースポットと呼ばれる場所です。

多くのメンターが通う神社がありました。船井幸雄さんがいう日本三大金運神社の1つ、新屋山神社です。「このメンターもこの金運神社に通っているのか」と思う機会がたびたびありました。新屋山神社に、毎月通っているメンターもいたのです。

ビジネスを実践しているすごい経営者でも、運という見えない力を味方にしていることを知り、運気アップが好きだったわたしは、とても親近感を持ちました。あなたにも、億万長者のメンターも通っていて、わたしも定期的に通っている3つの金運神社やお寺をお伝えしますね。

●金運アップの神社　新屋山神社(山梨県吉田市)
●強運厄除けの神社　小網神社(東京都中央区日本橋)
●金運招福・商売繁盛・出世運　銭亀堂(奈良県生駒郡)

元気がないときの「運気アップ法」とは？

「どうせわたしなんて……」という人の中に、運気が高い人はいません。運気を引き寄せている人は、みなさんやりたいことがあって元気です。でも、長いこと生きていると元気になれないときもありますよね。他人と比較したり、ものごとがうまくいかなかったり、元気が出なかったり、「元気を出そう！」とか「ポジティブに前向きに考えよう」といっても、考えられないときもあります。

そのようなときに**運気アップさせるには何が大切かというと、まずは元気を取り戻すことです。すぐに無料で行動できて、できるだけ、即効性のある方法を行います。**結果がすぐに出ると面白くなって、運気アップの習慣が続きます。

あなたの行動が変化すると、未来が変化するのです。「いまちょっと元気がないわ」というときは、まずは、元気がないときの「運気アップ法」を試してみましょう。気軽に1人でできるものから始めるのがおすすめです。

幸せに働くにもまずは元気な気持ちがスタート地点です。元気を取り戻したら、次項の「元気なときの運気アップ法」を試してみてください。

TVアニメ「じゃりン子チエ」では、主人公のチエのおバァはんは大阪弁で、チエにこんなセリフをいいます。

「人間に一番悪いのは、腹が減るのと寒いということですわ。そういうときにメシも食べんとものを考えると、ろくなことを想像しまへんのや。ノイローゼちゅうのになるんですわ。おまけに寒い部屋で1人でいてみなはれ。ひもじい……寒い……もう、死にたい。不幸はこの順番で来ますのや！」

そう、まず元気を取り戻しましょう！　運気アップは、気軽にできるものが多いのです。だから、まずは気軽に、お金もかからずに行動できることから少しずつ実践してみるのがおすすめです。シンプルですが、こんなことを行うと、リフレッシュできます。

・髪の毛を切る、爪を切る
・部屋の空気を入れ替える
・お風呂に入る
・仮眠する

また、「布」には、気やエネルギーといったものが留まりやすいといわれます。タオルやハンカチ、下着、服にいたるまで、あまり古ぼけたものをいつまでも手元に置くのはよくありません。半年に一度はチェックして、古くなっていたら思いきって捨ててしまいましょう。身につけていて違和感を感じるのは、あなたと「そり」が合わなくなっているのかもしれません。そういったものは身につけないほうが、気分が爽快になります。

これらは、気分の切り替え法ですが、広島で精神科のクリニックを開業している藤川徳美医師は、著書『うつ消しごはん』（方丈社）で、鉄や亜鉛、ビタミンBやビタミンC、ビタミンDなどが不足すると、栄養失調で精神的にうつになりやすいといっています。

わたしは妊娠中から、血液検査で貧血といわれていました。そこで、この本に書かれているとおり、クリニックで血液検査をし、鉄やビタミンのサプリをとり始めました。産後うつになるのは、赤ちゃんに鉄分がとられ、貧血になることも原因の1つだったのです。そうしたら、4か月でフェリチン（鉄分を体内に蓄積させる働きのあるたんぱく質）の数値が上がり、産後うつにもならず、元気に過ごすことができました。

都会のビルの中にずっといると、行動より思考が優位になりがちです。人間には身体があるのですから、**身体を目覚めさせるような、あなたの心をウキウキさせるエネルギーの高い場所に身をおく**のです。そうすると、あなたの直感やひらめきのチャクラが開いて、あなたの人生が上向きに変わるような、前向きな考え方に自然に変わっていきます。

運気アップの本を読むと、「前向きな考え方」について書かれている本がとても多いです。マイナス要素を取り払うというのは、たとえば、他人の悪口や愚痴など、あなたにいやなことをいってくる人は、あなたのエネルギーを奪う人です。目に見えているわけではないけれど、何となく雰囲気の悪い人、まわりの空気がよどんでいるように感じる人、というのはいるものです。ほかの人には感じなくても、自分自身がそう感じるのであれば、そういう人は避けたほうが無難です。相手に無理して合わせないというのも大事です。

あなたのエネルギーや元気を奪うものを、あなたのまわりから取り除いていきましょう。

あなたに元気がないうえに元気を奪う人と一緒にいると、あなたのエネルギーが目減りしていきます。だから、そのような人とは会わないでください。元気になってから会ってください。エネルギーが奪われると前向きな思考ができなくなります。身体の疲れは心の疲れと連動していることのほうが多いのです。
何かをするのにも元気がないと、行動する気にもなれないでしょう。そういうときにあなたがすべきことは、まず元気を取り戻すことです。なぜなら考え方がマイナスになってしまうからです。
気分がネガティブなときは、タイ古式マッサージやアロママッサージ、整体に通うなど身体をメンテナンスするのもおすすめです。最近は情報化社会で毎日ＳＮＳなどを見ると、情報過多になってしまいます。インターネットばかり見ていたら脳が疲れてしまいます。他人と比較しないと思っていても、比較して落ち込んだりしますよね。むだな情報を入れないというのも意識してください。

元気がないときの運気アップには、**他力を頼る＋元気を奪うマイナス要素をいまの環境から取り除くというのがポイント**です。他力を頼るというのは、他人から元気をもらう、元気な人に会う、落語を見に行く、映画を見に行く、美術館をめぐる、演劇を観に行く、ライブに行く、旅行をして温泉に行く、金運神社などパワースポットの場所に行く、海や山の自然の多いところに行く、アロママッサージを受ける、整体に行く……など、あなたが元気になれることを選んで、プロの力や人の力を借りましょう。

健全な運は、健全な精神に宿ります。パソコンの電源を切って、自然の多い場所に出かけて、食生活やサプリから改善して、まずは元気を取り戻しましょう。アロママッサージや整体などのようにボディメンテナンスをして頭の中を空っぽにすることが、直感が冴えやすくなる、おすすめの運気アップ方法なのです。

元気があるときの「運気アップ法」とは？

「何かいいことないかな」という人は、人が幸せをいつか運んで来てくれるというシンデレラ思考のある人で、運も幸せも他人任せです。そして人間関係もあまり変化のない人が多いです。ライフネット生命の創業者、出口治明さんが「人・本・旅」という3つの出会いについて書かれていますが、わたしたちは同じ人間関係の中だけでなく、いろいろな人と交流して刺激を受け、自分を知り、成長していきます。

毎日慣れた人と一緒にいるというのは安心感はありますが、年齢を重ねると「新しいことにチャレンジする機会」や「知らない人と出会う機会」が減っていきます。「何かいいことないかな」という人より「こんな面白いことがあったんだ。今度一緒に行かない?」と、新しい経験を分かち合おうとする人のほうが、運気もアップし、男女問わず人気者になれます。元気をチャージできたら気持ちも前向きになり、「今までやってみたかった料理教室に通おうかな」とか「お花の教室に通おうかな」とか「山登りをしてみたいな」「海外旅行に行こう」など、ポジティブな気持ちを持つことができます。**運は動くところに集まります。**何か動き出してみるのがおすすめです。

次ページに、わたしが元気を出したいときに実践する、運気アップ方法や習慣をご紹介します。右にいくほど変化が大きくなりますが、あなたの試せるところから試してみましょう。

運気アップ行動リスト

変化(大)	
プロの力・人の力を借りる	マインドを変える・あなたがいつもしない選択をする
・手相鑑定を受ける(プロ) ・よい方位を鑑定してもらう(プロ) ・方位学でのよい方角に旅行する ・アロママッサージを受ける(プロ) ・カウンセリングを受ける(プロ) ・ヒーリングコードを受ける(プロ) ・大掃除&片づけをする(プロ) ・お洋服を買う(プロ) ・メイクを習う(プロ) ・おしゃれな美容院に行く (プロに似合う髪形を教えてもらう) ・お金持ちのいるコミュニティに 投資する(プロ) ・海外投資をする(プロ) ・ビジネスコンサルを受ける(プロ) ・高めたい専門分野のセミナーを 受ける(プロ) ・ライフミッションを生きる(プロ) ・新しいことにチャレンジする (いままでの自分なら選択しないこと) ・情報発信する ・あなたの持っている才能を 分かち合う	・心の平安を保てるようにする ・自分の気持ちに気づく ・自分の選択に自覚と責任を持つ ・シンプルに考える ・元気の出る人と一緒にいる ・話している言葉の主語をわたしに変える (上司が、夫が、子どもが、を変える) ・金持ちけんかせず ・イライラしない ・ありがとうといえる人と一緒にいる ・相手と比較しない ・お金持ちの考え方をインストールする ・リスクリターンの関係を知る ・運のよい人の考え方をインストールする ・恋愛運のよい人の考え方をインストールする ・感謝の言葉を100回いう ・父親と母親への感謝の手紙を書く ・パートナーに甘える ・弱音を聞いてもらう場所をつくる ・誰かに頼る自分を許可する ・〜すべきと思い過ぎない ・人と交わる場所に行く ・一流ホテルなど波動のよい場所に行く ・波動のよい場所に足を運ぶ ・助けを早めに求める(ヘルプ!) ・与えたら忘れる(Give and Forget) ・海外旅行によい方位の時期に行く ・お金を投資して自分を元気にする ・取れるリスクを取る ・いつもしない行動をとってみる

変化（小）	
1人ですぐできること（行動）	1人ですぐできること（行動）
・窓を開けて換気する ・仮眠をとる ・お風呂に入る ・バスソルトを入れる ・水を飲む ・身なりを整える ・料理を自炊する ・ご飯を食べる ・身体を温める ・ゴミを出す ・掃除機をかける ・床を拭く ・トイレ掃除をする ・近所を散歩する ・アロマを炊く ・パソコンの電源を消す ・スマホの電源を消す ・紙とペンで思っていることを書き出す （PCのメモに書き出すでもよい） ・歌を歌う ・片づけをする ・草木に水をやる ・爪を切る ・顔を洗う ・髪を切る ・テレビを消す ・布系、タオル、下着を 半年に1回は捨てる ・水まわりのお掃除 ・着ない服は捨てる	・血液検査をする ・鉄、ビタミンサプリを買う ・金運神社に行く ・運気のよいパワースポットに行く ・スポーツで身体を動かす ・山に登る、キャンプに行く ・元気の出る場所へ行く （例）ライブ、本屋、映画館、ホテルでお茶など ・運気のよい人の音声教材を毎日聞く ・運気のよい人のオンライン教材を 買って毎日見る

いかがですか。試してみようと思うものがあったらうれしいです。

人柄ビジネスのスタートアップ時期に、億万長者の方に教えてもらった考え方があります。それは、**「徳積み」**という考え方です。**運を貯めておけば、それが徳積みとなります。積んだ徳が返ってくるのが遅ければ遅いほど、複利で返ってくるものが増えていくという考え方です。また、よいことをしても、人に吹聴するのではなく、陰ながら徳を積むという考え方もあります。**

たとえば、わたしは最初の頃は経験を積みたかったので、メンターの開催している塾のお手伝いを無料でさせてもらいました。大阪に住んでいるのですが、東京まで出かけて行きました。そのときに「交通費は出ないのですか」とは聞いたことはありません。自分の勉強のため、また徳積みのために行かせてもらっているので、従業員のマインドから事業主マインドに切り替え、起業のスタートアップ時期はよく行っていました。徳積みの内容は、セミナーの手伝いでなくても、駅の掃除をするとか、どんなことでもいいのです。会社員のときには「働いたらお給料が出る」という考え方で動くと思いますが、この何かに貢献させてもらえる機会というのは、その人のサポートもできますし、無料で学ばせてもらえますし、わたしの経験も増えます。そして、なおかつ徳積みにもなります。

実際にそのとき出会ったご縁がきっかけで、次のご縁につながったり、メンターと仲良くなれてかわいがってもらえたり、海外までいって貴重な考え方を教えてもらったりして、徳積みプラス自己成長ができたのではないかなと思っています。

運は「めぐる」という性質があり、返報性の法則があるので、与えたらいつか返ってきます。

ただし、誰かと分かち合うときには「Give&forget(与えたら忘れる)」というマインドでいきましょう。これをやるとこのような結果が得られるだろうと、下心の気持ちが強すぎると、あまり運気がめぐってこないのです。

自分には何も与えるものがないと思っている場合は、笑顔でもいいのです。笑顔や元気は人を楽しい気持ちにさせます。また、何かをしてもらったときのお礼でもいいのです。「元気をください」という人よりは、「元気をあげる人」のほうがお金持ちになります。

寄付も運気アップによいと、20代のときに本を読んで知ったので、毎月自分のできる範囲で、小さい額ではありますが、何年も寄付を続けています。金運も恋愛運も、エネルギーを出したらいつかエネルギーがめぐっていきます。

元気なときこそ、あなたからよいエネルギーを出すのが、運気アップの最大のポイントなのです。

神様からの頼まれごとの実行が最高の運気アップ法

運気アップの本を読み漁っていたとき、**「神様からのお知らせ」**という話を知りました。

たとえば、人は生まれてくる前に「神様との約束」をしていて、その約束を果たすために生まれてくる。でも、その約束は、生まれたときには忘れてしまっている。だからときどきその約束を果たさせようと、神様からお知らせがくる、というような話です。

運気アップの方法をさまざま実践してみて、この「神様からのお知らせ」という考え方が、人生の流れに乗る方法、波に乗る方法なのだと、最終的に行き着きました。

あなたの才能を周囲の人たちと分かち合って生きると、運が上がります。夢もどんどん叶っていきます。あなたが自然にできる強みや才能は、人と分かち合うために、神様があなたに授けたのです。だからそれをすると、神様は喜びます。そのお礼として運気をさらにアップしてくれるのです。

もう1つ、神様が関係している話で、**「神様からのお願い」**と**「神様からのご褒美」**というものがあります。それは何かというと、神様は地球を平和にしたいので、地球上でよい行動をしている人には、「神様からのお願い」のような出来事が起きるということです。

たとえば、「あなたがこれをしたい!というようなことを仕事にする」とか、「得意なことを仕事にする」という選択を進めていくと、どんどんうまくいきます。そのうえで、起こる試練を乗り越えていくと、地球上であなただから解決できるのだよ、というお役目みたいなものを授かることがあるということだそうです。

それは神様（「宇宙」というい方をする人もいます）からの頼まれごとだから、できればいやがらずに「これは自分の仕事なんだな」と引き受けるとよいというのです。神様から頼まれた仕事なので、感謝の気持ちを持って引き受けると、あなたの運がもっとよくなるという話でした。

自分の運がだんだんよくなって、起業して3年経ったときに、夢がある程度叶ってしまいました。そのとき、「幸せとは何だろう？」ということに、再度立ち返りました。自分1人で美味しいものを食べていても、幸せじゃない。海外旅行にいくようになっても、自分1人だけだとちっとも楽しくありません。そう、自分の夢が叶って、運がよくなったら、何もしなくても幸せかというと、「分かち合う」ことをしないと、自分の心が喜ばないことを知ったのです。

仕事の相談で多いのが、「やりがいのある仕事に就きたい」というものです。それは、きっと生まれてくる前に神様と約束してきた、「あなた自身の魂を輝かせる」ということなのだと思います。

いい大学に行って、いい会社に就職することも、幸せに生きることの1つなのかもしれません。高い収入を得ることも、よきパートナーを得ることも幸せに生きることの1

つなのかもしれません。でも、それは全員がそれをしたら必ず幸せになれるということではありません。人によっては、世の中の大勢が憧れるような仕事をしていなくても、幸福度が高い人もいます。一方、世の中の大勢が憧れるような仕事をしていても、不幸な人もいます。その違いとは何なのでしょうか。

それは、幸せを自分で決めているかどうか、チャレンジしているかどうか、成長しているかどうかだとわたしは思います。幸せは、シンデレラのように誰かが運んで来てくれるものではありません。自分の内面をホリホリして自分の幸せを見つけ、その状態に向かって**フロー状態**（熱中している状態のこと）になって、夢中で人生を生きている状態が幸福度の高いことだと、ハンガリー出身の、アメリカの心理学者ミハイ・チクセントミハイ博士がフロー理論の中で提唱しています。博士によると、このフロー状態に至るための条件には次のようなものがあるとしています。

①人間は本質的に価値のある活動を行っていること
②その目標が明確であり、その活動の難易度が自分の手に負える範囲であって、決して難しすぎず、やさしすぎないこと
③その物事に集中して取り組むことができる環境にあって、うまく進んでいるか逐次確認

ができ、しかもまわりの状況や時間の経過が気にならないくらい没頭できること
まわりが気にならなくなるほど集中して仕事を行えるというのは、その仕事が好きで好きで仕方がないくらいでないと、続かないと思います。自分が生まれる前に決めてきた神様との約束、そして、そのことに没頭してやまないこと。そのことをわたしは「魂のごはん」と呼んでいます。もちろん、毎日会社に行って、毎月お給料が出れば、安心して生活できるでしょう。でも、もしあなたの心が満たされないのであれば、それは、神様と生まれてくる前に決めてきた約束、「魂のごはん」を、食べられていないからではないだろうかと、多くの女性の起業支援をしてきて思うことなのです。本当にしたいと思うことをしていない、つまり心が満たされていない働き方をしていると、あなたは「魂のごはん」を食べていないので、「心の栄養失調」になっていきます。
わたしは神様と生まれてくる前に行う約束を「魂のごはん」＝ライフミッションと呼んでいます。自分は一体何のために働いているのか、自分はなぜ生きているのか、自分は何のためにこの世に生を受けたのか、何を成すために働いているのか、という疑問が、仕事をしていると、あるとき、ふと湧いてきます。それはたいそうなことでなくてもよいのです。

この「魂のごはん」で自分を満たすために働いていると、心がとても幸せになってきます。

わたしの例をお話ししましょう。人柄ビジネスで好きなことを仕事にできるようになって、日本全国や世界中から、お客さんがサービスや商品を買ってくださるようになりました。起業当初思い描いていたように、夢が叶ったら「はい。幸せで上がりです」というような状況がやってくるのだと思っていました。しかし、実際にはその夢が叶ったことはうれしいことではあるのですが、そのあと心に空洞みたいな穴があきました。

それは、次なるワクワクするヴィジョンが見えないという現象でした。そこでわたしは、自分の心と向き合って「内面ホリホリ（33ページ）」し、次なるワクワクするヴィジョンを描いたのです。

そうしたら、日本の女性が幸せに働ける世の中にしたいというヴィジョンが見えたのです。見えたときは恐れの気持ちでいっぱいでした。わたしにそのようなことができるはずがない。いま見たヴィジョンは、見なかったことにしたいという気持ちでした。

でも、個人の自分の幸せがある程度目標達成できたそのときから、一般社団法人ライフミッションコーチ協会を立ち上げ、自分のヴィジョンに向かって、日々チャレンジしています。能力がなくてうまくできないときも多々ありますが、それでも、あの目標がなかったときと比べると、格段の差で毎日が楽しく、フロー状態になっています。

わたしはライフミッションは、誰かにほめられるものでなくても、やりたいことをやりなさいといっています。それは、誰かにほめられるため、認められるためにやると、犠牲心が湧いてきて、誰かの目が気になり、とたんにつまらなくなってしまうからです。

もし、あなたがいまの仕事に少し疑問を感じているなら、それが、あなたが本当にやりたいことなのか。魂のごはんを食べられているのかを見直すタイミングなのだと思います。

コラム

収入とアイデアは、移動距離に比例する

会社員時代は、交通費＝むだな費用（もったいない出費）のように思っていました。

仕事で移動するときには、会社の経費でしか移動したことがありません。交通費を出してまで何かを学びにいったことなどありません。学ぶときは、大阪に来たセミナーだけ参加する。東京まで交通費を支払うなんて、むだなお金のように以前は思っていました。

判断基準が「安いか」「お手軽か」「効率的か」のような視点で決めていたのです。

しかし、この事業主のマインドセットを学んでから、移動距離にお金を使うことをためらわなくなりました。

お金を川の流れに見立てて、貯金で溜め込むのではなく、先に使って流していくと、リターンがあります。移動すると新しい刺激が生まれます。普段見慣れている風景、いつも会う人でなければ、脳が活性化されるので、新しいアイデアが生まれます。

だから、わたしは起業してビジネスが軌道にのり始めた2年目から、6年連続で年5

回海外視察に行きました。海外で働く日本人（駐在員、社長）に出会うと、とてもよい刺激をもらえます。そこでわたしは２０１５年ベトナムの海外視察で、毎年幸せな女性起業家を1万人増やすという、大きなヴィジョンが見えたのです。

非日常の異国の地だったからこそ、このような大きなヴィジョンが見えたと思います。今では事業主のマインドセットを学んだこともあり、東京にセミナーがあっても、大阪からの交通費はケチらないようにしています（笑）

地方に住んでいる方も、交通費を支払ってでも、これはと思ったセミナーや講演会には行ってください。**あなたが交通費を支払ってまで人に会いに行った経験は、きっとあなたの人生を変えていきます。また、自分のためにお金を投資し、交通費を支払って学びに行ったほうが、真剣に学ぼうという気にもなります。**

わたしも会社員を辞めて途方にくれていたときに、貯金を使って東京のセミナーに学びに行きました。大切に貯めていたお金でしたが、いまはあのセミナーに通うことを決めて本当によかったと思います。

むだな出費は減らしたほうがよいですし、むだな固定費も減らしたほうがよいですが、**「この人の教えは学びたい」と思うものには、お金を投資したほうがよいのです。**お金の流れは、新しい出会いを連れてきてくれたり、ビジネスチャンスがやってきたり、川の流れのようにお金がめぐってくるのを感じます。

運気アップのノウハウでも、一番効果が高く、即効果が出たのが方位学でした。

今はユーチューブなどの動画やSNSなどの情報発信が全盛期なので、インターネット上でも学べますし、たくさんの情報があります。家にいながらお手軽に情報が手に入る時代ですが、人生が変わるのは、リアルでの人との出会いです。収入が増えるときも、移動にお金を使ったときに増えました。

わたしの講座の受講生さんも同じで、移動することにコストを支払う人は、その後、収入が伸びているケースがありました。東京に行くお金、大阪に行くお金などは、ケチらないようにするのがおすすめです。

Step 06

成功者のマインドセットを学ぼう！

成功している事業主のマインドセット

226・227ページの図は、女性が人柄ビジネスで幸せに起業しようと思ったとき、必要になる考え方を表したものです。中央の木は、事業を表す**「幸せの木」**といいます。

わたしの会社名は「株式会社はっぴーぷらねっと」といいます。自分の幸せを創り出せて、地球全体の幸せにも貢献できる人を増やしたいという想いでつけました。地球全体の幸せや、他者にも貢献する活動を目指しています。この図もその考え方から地球をベースに考えています。地球のマントルの中は人々の内面、地表が内面の課題をクリアして事業を始めたときの、課題や幸せを表現しています。


もしあなたが事業を始めたいけれど、「何が好きで、何がいやなのか、自分の好きなことがわからない」という場合、地球の中、マントル部分を探っていくことになります。

中央の幸せの木の根っこには、ライフミッションがあります。210ページで「魂のごはん」と呼んでいましたね。あなたの内面をホリホリしていくということは、この木の根っこを掘っていくことにあたります。あなたがなぜそのビジネスをしたいのかという「BIG WHY」が隠れているのです。

図の左に書いてあるヒーリングコード(癒やし)とは、あなたがライフミッションを見つけ、事業を育てるときに、根っこを根腐れさせてしまう**「間違った古い記憶」**を癒やすことを指します。

自分のやりたいことがわからないというのは、母親から「あなたはどうせ何をやってもダメよ」といわれて育ち、思考停止に陥っているかもしれません。また、事業主として地表に出てから、この「間違った古い記憶」によって、成功するマインドセットが身につかず、もう一度内面（マントル部分）に降りて癒やす必要が生じることもあります。

これまで親の敷いたレールを走り、親の価値観に合わせて人生を選択してきた人は、「親の幸せのコップ」を満たすようにして生きてきたといえるのです。そういう人は、「自分自身にとっての幸せとは何か」という、新しい自分の幸せのコップをマントルで見つけることが課題となります。幸せのコップとは、幸せの価値観のことです。

幸せのコップと事業の木の根っこ（＝ライフミッション）が見えてきたら、事業を始め、それを成功に導くために、意識の変革が必要になってきます。会社員だった人は、事業方針は会社が立ててくれていましたが、これからは何をするにも、自分で決めていかなくてはなりません。

今年はいくら売上を立てるのか、新商品を投入するのか、ＳＮＳで何を情報発信するのか、どの媒体に広告を出稿したらいいのか、商品のネーミングは何にするのか、価格をいくらにしたらいいのか……など、決めることがたくさん出てきます。

このプレッシャーに耐え、うまく事業を進めていくためには（地表に出るには）、成功者のマインドセットをインストールする必要があるのです。

成功者のマインドセットとは、事業で成功している人の考え方のことです。「自分の時給を決めよう」とか「相手の批判、評論をやめよう」とか、「自分の人生をよくすることに時間を使おう」とか、あなたのビジネスを成功に結びつける考え方です。心理学では、観念とか信念といわれています。

パソコンでいうと、ＯＳのインストールをするようなものです。たとえば、あなたに「お金を稼ぐ人は悪いことをしている」という信念が潜在意識にあったとしたら、お金を稼ぐ方法を習っても、「なんだか悪いことをしているような気がする……」と、どこかで急ブレーキをかけてしまうかもしれません。そうなれば、お金を稼ぐことができません。

ほかには、あなたが「セールスは押し売りだ」とか、「セールスとはいらないものを売りつける行為だ」と思っていたとします。しかし、成功している人は、「セールスとは、夜も眠れないくらいのお困りごとをお客さんにヒヤリングして、そのお悩みが解決できる最適な商品をマッチング（ご提案する）する、お客さんに感謝される仕事」と思っています。このようにビジネスの成功を邪魔する考え方、根底にある観念を書き換えることで、事業を成功に導くのです。


そのほか、「売上＝お客さんの笑顔の量」という考え方があります。お客さんを笑顔にした数が多いほど人を幸せにしているので、売上が上がるということです。

たとえば3か月予約の取れない人気者のカウンセラーさんがいたとします。そのカウンセラーさんが同業者に対して、3か月予約が取れない人気者のカウンセラーになるための技術やマーケティングノウハウを教えてあげたとします。すると、同じようなカウンセラーさんが増えます。

そうすると、笑顔になるカウンセラーさんが増えます。そのカウンセラーさんのお客さんも笑顔になるので、同業者に教えるほうが笑顔が増え、あなたの影響力はどんどん大きくなります。結果的に売上も大きく伸びるということなのです。

それが「同業者に教える＝自分のお客さんが減る」というマインドセットだと、あなたの影響力はいまのままで、売上が増えません。目先の利益を追うのではなく、その先も見据える、これが成功者のマインドセットが大事な理由です。

成功者のマインドセットは、この図でいうと木の幹の部分にあたります。木の幹を太く、丈夫にしておかないと、葉っぱの部分にあたる新しいノウハウ(売れる商品づくりや、SNS集客など)を学んでも、幹が細ければ木は折れてしまいます。**あなたの事業を、立派な木に育てて、実を実らせたいと思うなら、SNS集客等のノウハウも大事ですが、成功者のマインドセットも同時にインストールする必要があるのです。**

わたしは、起業2年目にこの成功者のマインドセットの考え方を繰り返し学びました。定期的にマインドセットのセミナーに通い、毎回この成功者のマインドセットを習っていました。外出するときもセミナーの音源を聞いて移動していました。

自分の考えが書き換わるよう、潜在意識に刷り込まれるように何回も聴いていました。成功者のマインドセットは、一度聞いたくらいでは脳や身体にしみ込んでいかず、忘れてしまうからです。たとえば、人の批判をしないでおこうと思っても、いつもの癖で自分でも気づかないうちに「上司がさぁ」「旦那がさぁ」「あの人ってさぁ」という言葉が、会話の中に出てしまうのです。

成功者のマインドセットセミナーに参加するたび、「わたしは全然できていないなぁ」といつも反省していました。成功者のマインドセットは、会社員時代も、学校でも、親からも、習うことはまずありません。「セールスとは何か」といったビジネス上の考え方から、「他人を評価しない」「自分の人生をよくするには」といった人生を豊かに生きる方法まで、さまざまな事柄を学びます。

最初は、耳が痛いこともありますし、違和感を感じることもあります。歯の矯正をしているときと同じで、心の違和感を感じやすいのです。「わたしって全然できていないなぁ」と思うことも多々ありました。**けれど、成功者のマインドセットを繰り返し聴くことは、ビジネスをうまくいかせるための心の土台のようなものなのです。**

わたしは成功者のマインドセットを学んでおいて本当によかったなぁと思います。しかし、マインドセットの音源を聞くと、頭ではわかるのだけれど、心がついていかないとか「自分ってダメな人間だ！」というふうに思う「無価値感」が湧いてくることがあります。

それが先述した、過去の記憶からきている「過去の間違った古い記憶」の反応なのです。その場合、再度マントル部分に戻り、癒やしが必要になります。特に、女性が幸せに起業しようとしても、女性特有の起業に関するメンタルブロックがあってうまくいきません。それを癒やしていくのが、幸せに起業できる秘訣となります。

幸せに起業するためには、アクセルが成功者のマインドセットだとしたら、ブレーキとなっている心の思い込みを外すのが、癒やしとなります。心の声を無視して、売上や数値目標だけ

を考えて走っても、女性は幸せに起業することはできません。

わたしは会社を燃え尽きて辞めてしまったので、心がついていくペースでビジネス規模を大きくしてきました。そうしないとまた燃え尽きてしまって、幸せに働けないからです。売上も規模の拡大も自分の心の器が準備できてからと決めています。

ただ、だからといって、ネガティブな感情を恐れて新しいチャレンジをしないというのは、違うのではないかと思っています。それは、魂の成長のために必要なものもあるからです。その場合は、トライしたほうが人間的にも成長するし、事業もうまくいきます。

行動を大きく変えると、結果も大きく変わるのです。うまくいく人は思考や行動も似た、うまくいく人たちで自然とグループができます。成功者のマインドセットを身につけた仲間をつくって事業を始めると、間違った方向も軌道修正してくれるでしょう。

わたしは、女性が幸せに起業するためには成功者のマインドセットと癒やしはセットだと考えています。「人柄ビジネス」で幸せに起業しようと思ったときには、いま自分が、幸せの木の中でどこを重点的に学んだほうがよいのか、また癒やしたほうがよいのか、俯瞰して確認しながら、進んでいかれることをおすすめします。

幸せの木
現実の世界へ！
売れる商品
あったか
マーケティング
事業主の
マインドセット（幹）
インストール
ライフミッション
（魂のごはん）
自分の内面の世界（地球のマントル部分）
幸せのコップ
内面ホリホリ

売り込まずに自然に売れる
あったかセールス
SNS集客
意識の変革
癒やす
癒やされたー
心のスポンジ
（いやなことは絞り出す）
根腐れを起こす
古い細胞記憶
ヒーリングコード

古い記憶を癒やして幸せに起業する

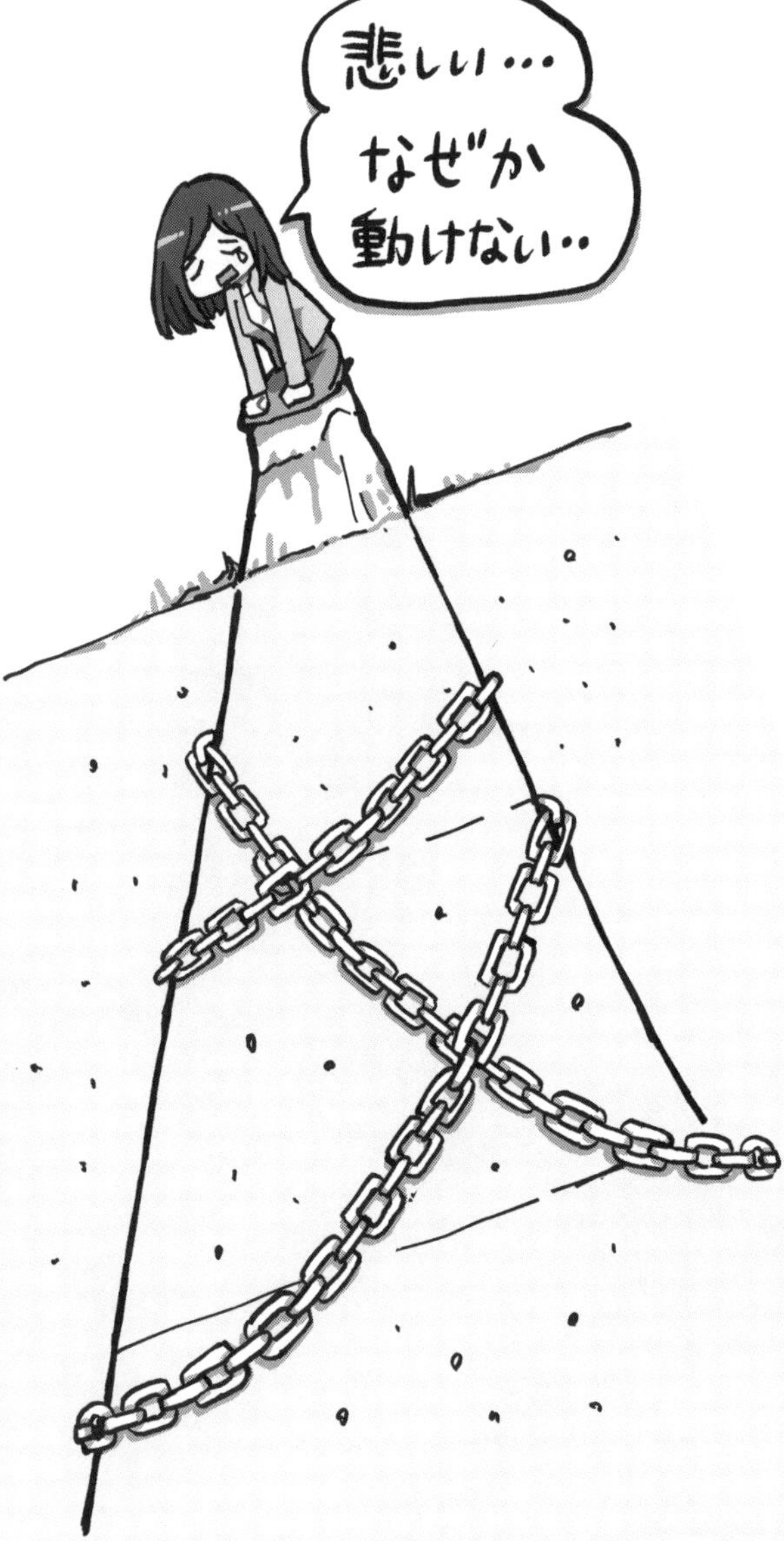

わたしが主宰する起業塾には、10年前から起業したいと思っても会社を辞めるのが怖いまま、あっという間に10年が過ぎてしまい、いまもセミナージプシーを繰り返している人がいます。

女性の場合は、心（感情）をとても大切にしていますので、頭（理性）では納得していても、心（感情）がついてこないのです。となると、途端に動けなくなってしまいます。


このことを理解していないと、ご自身が塾を主宰したときに、ノウハウは教えているのに受講生さんが動いてくれないという問題を解決することはできません。

受講生さんの95％が、「理恵さん、頭ではわかるのですが、どうしても行動できないんです」というのです。この現象がとても不思議でならなかったのですが、さきほどご説明した根腐れを起こしてしまう「古い細胞記憶」のことを知ったとき、納得しました。

ライフミッションと呼ばれる魂のごはんを、内面ホリホリして見つける。これは事業の木でいうところの根っこの形が土に埋もれて見えなくなっているのを、内面をホリホリしながら、自分で見つけていく作業です。なぜその事業をしたいのかの部分は、安心、安全、ポジティブな場所で、心に寄り添いながらファシリテート（誘導）してくれる人がいたら、見つけることができます。

しかし、「そのようなことをやってもどうせ失敗するだけだ」というような両親からの言葉がけを受けている人は、自分がやりたいことを見つけても、根腐れを起こしてしまう**「間違った古い細胞記憶」があるので、事業主のマインドセット（OS）をなかなかインストールすることができない**のです。

下の図のような、顕在意識と潜在意識の三角の図を見たことがある人は多いと思います。この部分は、潜在意識の領域なので、OSを書き換えても「間違った古い細胞記憶」がひどすぎるため、エネルギー領域での癒やしが必要になってくるのです。

わたしの場合、好きなことを仕事にするのは、事業主のマインドセットの書き換えでうまくいったのですが、子どもを

顕在意識と潜在意識

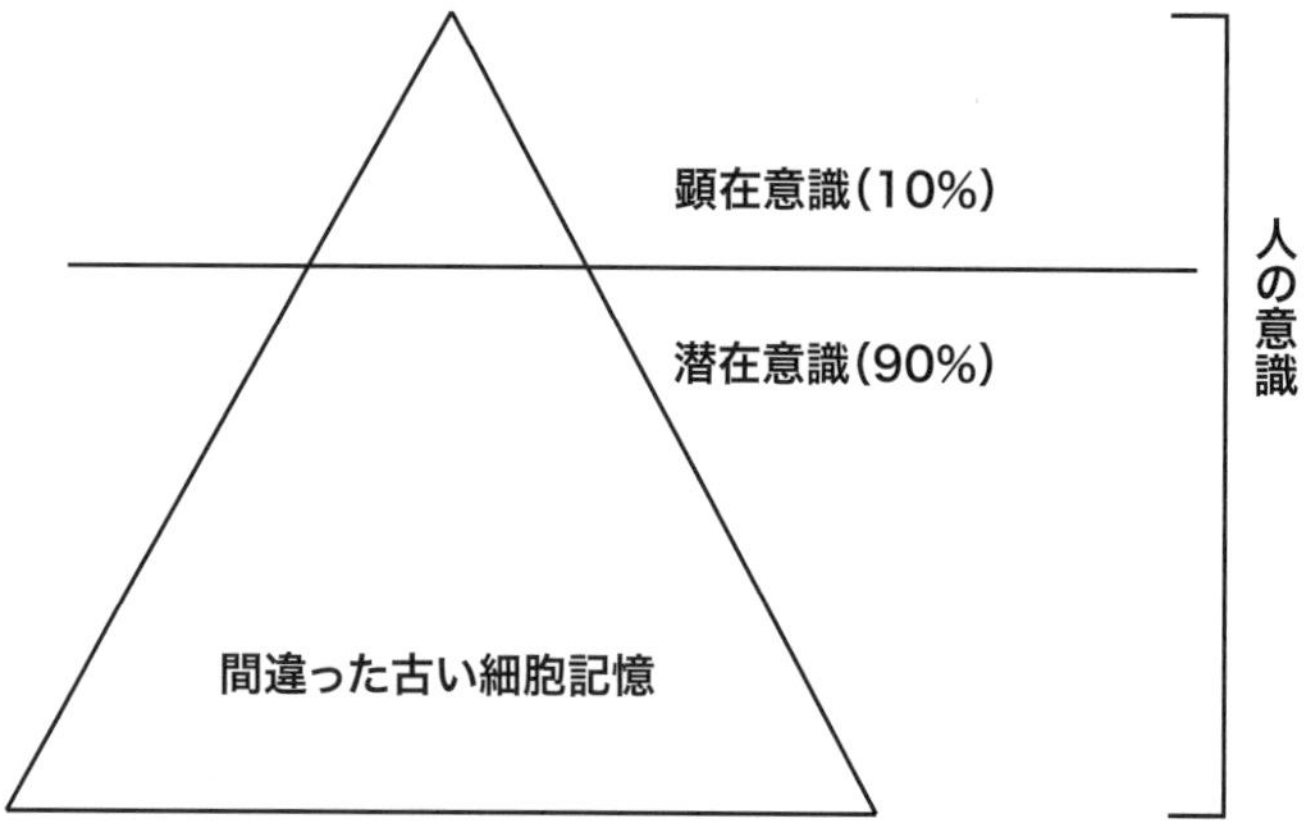

産むことに関しては、何年も止まっていました。30代は、まだ産める年齢だったこともあるかもしれませんが、「子どもが欲しい」と頭では思っても、つい仕事に没頭してしまいました。

いよいよ子どもを産める年齢のタイムリミットが迫ってきたときに、真剣に妊活をするのですが、どうしても行動が伴わないのです。

これがなぜなのか長年よくわからない問題として、わたしの中にありました。それが、女性の起業支援をサポートしていたときに、受講生さんが「理恵さん、頭ではわかるんだけれど、行動しようと思ってもできない」というのと同じだと思いました。

この問題をどうしても解決したいと思うようになりました。そのときに出会い、感銘を受けた本が、『潜在意識を変えればすべてうまくいく』(アレクサンダーロイド博士著ソフトバンク社)だったのです。

この本に出会ったときに「これを試せば、いままで受講生さんがいっていたお悩みが解決する」と思い、いてもたってもいられなくなりました。そこで、英語ができる方にお願いして、ロイド博士に熱いメッセージを送りました。

すると、「そのような熱いメッセージをもらったのははじめてだ」というメールの返信があったのです。「直近で、アジアではじめての台湾セミナーがあるから、そこでお会いしましょう」と約束し、わたしは台湾に飛びました。

ロイド博士のセミナーに、通訳の方をお願いして、合計4日間参加しました。台湾セミナーに参加する費用だけで、60万円以上かかりました。

この本に書いてあることがはたして効果があるのか、あまり役に立たなさそうだと思ったら、日本人の女性におすすめすることはできません。そのようなリスクはあったのですが、幸せに起業できる女性を増やしたい。メンタルブロックで動けなくなっている女性を救いたい。その情熱がここまでわたしを突き動かしました。

結果、この4日間で、過去の古い細胞記憶が見つかりました。子どもを産みたいと頭では思いながら、なぜ産みたくないと思っていたのかの、家族との昔の記憶が思い浮かんだのです。「ああ、このことが原因でわたしは子どもを産みたくなかったのだ」と、台湾セミナー中に納得したことを今でも覚えています。2016年7月のことでした。

それから約3年後、2019年5月29日に、わたしは子どもを出産しました。

子ども時代の「古い記憶」を、まずヒーリングコードのセッションで癒やしたお陰で、子どもを産むことができたのです。ヒーリングコードに出会わなければ、わたしが子どもを出産することはできなかったかもしれません。過去の古い記憶を癒やしたお陰で、妊活に向き合うこともできました。

このメソッドを活用して、日本中の女性が幸せに起業できるように、心の深いところを癒やしたいと思っています。そのためにアメリカのヒーリングコード社のプラクティショナーにもなりました。

わたしの場合は、「子どものこと」が、怖くて動けない事柄でしたが、好きなことを仕事にするときに「怖くて動けない」場合、古い細胞記憶を癒やすと動き出せるようになります。**もしあなたが自分を責め続けて、頭ではわかるのに行動がストップしてしまう場合、ノウハウや事業主のマインドセットを学ぶ前に、「古い記憶」を癒やすと動き出せるようになります。ぜひ覚えておいてください。**

女性は心がついていかないと幸せに働けないのです。幸せに働くには、行動するたびに湧いてくるメンタルブロックを、解消しながら進んで行くのがおすすめなのです。

どういう人をメンターに選べばいいの？

これから自分が、人柄ビジネスで好きなことを仕事にしていこうというとき、旅行ガイドのような、水先案内人がいたら心強いですよね。インターネット検索をすれば、たくさん調べられますが、わたしがおすすめしたいのは、メンターを持つことです。

メンターとは、仕事をするうえで、失敗をできるだけ避けるように導いてくれたり、やり方を教えてくれたりする人のことです。メンターがいれば、その人が経験したことを教えてもらえるというよさがあります。経験者の情報はとても安心できますね。だから、誰に相談するのかというのは、とても大事です。

もし自分が何をやりたいかがわからない場合は、何か解決策をアドバイスしてくれるメンターを探すというよりは、あなたの話を否定せずに聞いてくれる人がおすすめです。自分が目指したい場所がわからないと、誰をメンターにするかもわからないからです。

また、人はいつも一緒にいる人と価値観が似てきます。価値観が似ているから一緒にいるのかもしれません。しばらく人間関係が変わっていない人は、見ている人生サンプルのデータが少なすぎて、決められないということがあります。「そのような人見たことがない」とか、「幸せそうに働いている人は見たことがない」と、自分で制限をかけてしまって思考がストップしてしまうのです。

そのような状況のときは、あなたの知っている世界以外の人に、触れることが大事です。

人生のサンプルデータは、人に会って増やしていくのがベストです。

メンターの選び方ですが、あなたの理想の人生を生きている人をメンターとして探すのがよいでしょう。有名人ではなくても、幸せに働いて生きている人は世の中にたくさん存在します。そのときのポイントとして、メンターに生徒さんがいて、成果を出していたら間違いありません。

有名か無名かは気にしなくてもいいでしょう。あなたが人生に迷ったときに相談する相手として、あなたがこれから経験しうることを先に経験している人の情報はとても貴重です。なぜなら、同じ失敗をしなくて済むからです。またビジネスの展開方法についても、あなたと同じような時期に何をしたのかを聞くことができます。


もしメンターとなり得る人が、セミナーをしていたら会いに行きましょう。直接会うと、仲良くなれますし、セミナーはお金を支払って、その人の経験を体系化してわかりやすく学べますので、効率的にうまくいく方法を学ぶことができるのです。質問してもいやな顔をされることはありません。セミナーに投資して、聞きたいことを遠慮なく質問できるほうが、とてもフェアです。

お金を支払ったのだから、どんどん質問しても大丈夫。その人から学べることを、どんどん学びます。その人がたとえば1年かけた経験を前倒しして、疑似体験したかのような情報がリサーチでき、そのうえ、自分1人だと決して得られないノウハウがすぐに手に入るので、何年も試行錯誤をするような時間を減らすことができます。

もちろん「暗黙知」という言葉があるように、どれだけノウハウを学んでも経験しなければわからないことも多いです。けれど、そのときも「このようなことにつまずいているのだけれど、先生はどのようにして乗り越えてこられたのですか」と質問すると、そのときに必要な情報をわかりやすく教えてくれます。これは、インターネット検索ではわからない情報だと、わたしは思います。

もし、その人をメンターにできるなら、直接アドバイスをいただいて活用してください。メンターはあなたの知らないことを先に経験しているから、あなたの困ったことを理解し、悩みの解決方法を知っていることが多いです。聞いたほうが早い場合もあるので、何かわからないことがあったら、ぜひ質問してみてください。


偉そうだったり、コントロールしようとしたりする人、つまり危険で不安でネガティブな人は、選ばないほうがよいでしょう。つき合うだけでエネルギーを奪われてしまうからです。運気アップの観点からいっても、あなたの運気を下げてしまいます。

おわりに　あなたは好きなことで幸せになれる

わたしのところにいらっしゃる方々が、最初にわたしにいうのは、「子どもが生まれても本当は仕事を続けたかった」「母親が認めてくれないと、最初の一歩が動き出せない」「夫がなんていうだろう」「子どもに迷惑をかけないか」「ママ友になんていわれるか」「ママが起業していたら、子どもがクラスでいじめられないだろうか」ということです。

自分はどう生きたいのか、何で起業したいのか、どんなお客さんを喜ばせたいのか、そんなことを自分に問いかける前に、世間体やほかの誰かのことを気にしてしまうのです。

誰かに迷惑をかけないだろうか……それは一見、親切なことのように思えます。でも、あなたの本当に生きたい人生を隠してしまうとするなら、そう思うことはよいことでしょうか。何が正解かを探してしまう癖は、日本人特有のものなのかもしれません。

あなたがこれからする「ほかの誰かを喜ばせる活動」は、誰かの迷惑になんてなりようがありません。誰かを喜ばせたいという純粋な気持ちから始まっているからです。

この本で伝えたかったことは、ちゃんとステップを踏んでいけば、「これがわたしの生きたかった人生なんだと思える日が来るよ」ということです。

「あなたがしたい働き方は、自分で選び取っていけるし、創造する力があるんだよ」ということを本書で伝えたかったのです。好きなことを仕事にしてもいいのです。

稲盛和夫さんは、京セラ、ａｕなどを成功させた日本を代表する経営者です。破綻したＪＡＬの再建を78歳で引き受け、たった2年で利益２０００億円のＶ字回復を達成し、世界のエアラインのトップの収益率にまで導いた人物です。ちなみに国から再建を頼まれたときには、航空業界についてはは素人だったそうです。はじめて京セラという会社を設立したときも、経営や経理の詳しい知識はなかったそうです。

「わたしはいつも何の知識も持ち合わせていなかったので、人として正しいかどうかだけを考えてきました」とおっしゃっています。

「不景気でも5％の利益が出たらすごい」と一般的にいわれていても、稲盛さんは違います。「不景気のときに5％の利益が達成できたということは、景気がよいときはもっといけるはず。業界の相場にとらわれてしまっているせいで、上限ができてブレーキがかかってしまっている」といいます。このような考え方を持つ稲盛さんは、どの業界でもいつも想像できないほどの売り上げや結果を残します。京セラグループの連結売上は1兆円以上です。

小さいビジネスを営む人柄ビジネスのわたしたちには、関係ない話だわと思われるかもしれません。しかしこれは、女性の起業でも同じことがいえるのです。

女性だからこう生きなければという枠にあてはめてしまっているのは、自分自身なのかもしれません。女性であっても可能性に限界はないのです。

あなたが誰かの夜も眠れないくらいのお困りごとを解決したら、世の中で悩みを抱えている人が減っていきます。世の中で悩みを抱えている人の心を楽にしたり、誰かの不便を解消してあげたり、誰かの成果を高めたりする、そのサポートが「人柄ビジネス」です。

いまは、あなたの好きなことに価値を感じてくれる人がいる時代です。自分の人生の正解は、自分で創っていくのです。いまはあなたの価値を換金しやすい恵まれた時代に生きています。あなたができる小さなステップからトライして、あなたの価値を換金してあげてください。そして、あなたの心に魂のごはんを食べさせてあげてください。

私の会社の理念、Creating Happinessは、幸せは自分で創り出せるという意味です。人柄ビジネスでの働き方は、お客さんの幸せも、自らの幸せも両方創り出せるのです。

本書の刊行にあたりまして、多くの方のご支援をいただきました、人柄ビジネス幸せ女性起業塾を受講してくださった皆様のおかげで、このノウハウが誕生しました。ありがとうございます。いつも温かくご支援くださっているメンター陣の皆様、いつも応援してくれるメルマガ読者さん、そしてＢＡＢジャパン代表取締役の東口敏郎様、読者の方にわかりやすく、読みやすい内容に編集してくださった福元美月様、本書のイラストを描いてくださった山本明日美様、幸せの木のイラストを描いてくださった川島あや様、今回の本のチェックにご協力いただいたスタッフの方々に厚く御礼を申し上げます。

そして、いつもともにライフミッションの人生を生きてくれている一般社団法人ライフミッションコーチ協会の認定講師の皆様、心からの感謝を捧げます。

支えてくれた家族の皆もありがとうございます。いつもそばで原稿が書けるよう毎日励ましてくれたパートナーの中村仁さん、あなたの温かい言葉がけのおかげで私はこの本を読者の皆様に届けることができました。ありがとうございます。また、娘の心柚《みゆ》、生まれてきてくれてありがとう。優しい笑顔でいつも見守ってくれてありがとう。いつの日か、本書を役立ててくれる日を楽しみにしています。

そして、最後に読者の皆様、女性が抱えるすべての仕事の悩みから解放されて、パートナーに応援されて、あなたが幸せに働けることを心より願っています。

本当にありがとうございました。

叶 理恵

叶 理恵（かのう りえ）
（株）はっぴーぷらねっと　代表取締役社長
（一社）ライフミッションコーチ協会　代表理事

人柄ビジネスコンサルタント／ライフミッションコーチ
関西大学 総合情報学部卒
2011 年に独立し、起業ノウハウの習得からマインドセットまでを網羅した「人柄ビジネス」幸せ女性起業塾を主宰し、1000 名以上が受講する人気講座に育てる。その後、経済的な成功以上に精神的な満足を求める女性が多いことや、「いつかは起業してみたいけれど、何をしたらいいかわからない」というニーズに着目し、2016 年に「一般社団法人ライフミッションコーチ協会」を設立。起業予備軍に対して、「人生の目的」「一歩踏み出す勇気」「強みの発見」「理想的なパートナーシップ」といったテーマを中心に、独自の講座を開発。これまでに 200 名超の認定講師を育成し、全国規模で女性の起業を支援している。モテ層診断という独自のメソッドを開発して、ファンから顧客になるモテ層を診断し、売れる商品づくりを教えていることが特徴。モテ層を発見し、売上が UP する受講生があとを絶たず、好評を博している。

サイト URL　https://haplanet.com/
フェイスブック URL　https://www.facebook.com/rie0358

本書で得たノウハウを
実践に移すには……

本書を購読された方への特典

1. 本書の理解を深める動画で解説!
人柄ビジネスで「幸せ女性起業」
を実現する完全マニュアル〈オンラインコース〉
(動画合計 7 時間 17 分 17 秒
資料 1068 ページ　音声 1 時間 23 分 13 秒)

2. 具体的にステップ式で解説
幸せ女性起業 10 のステップ(ロードマップ)

3. **幸せ女性起業のマインドセット音声**

以下よりお申し込みください。
https://haplanet.com/book_special/

夢と現実に橋をかける 人柄ビジネス
幸せ女性起業塾

2020年4月10日　初版第1刷発行

著　者　叶 理恵
発行者　東口 敏郎
発行所　株式会社BABジャパン
〒151-0073 東京都渋谷区笹塚1-30-11 4F・5F
TEL: 03-3469-0135　FAX: 03-3469-0162
URL: http://www.bab.co.jp/　E-mail: shop@bab.co.jp
郵便振替00140-7-116767
印刷・製本　中央精版印刷株式会社

ISBN978-4-8142-0277-5 C2063

イラスト　山本明日美（12~243ページ。下のページを除く）
川島あや（226・227ページ）
デザイン　大口裕子

BOOK Collection

私らしいサロンを作る**サロン開業!はじめの一歩。**

30 名の一流のセラピストさんと専門家 13 名がサロン開業、運営、繁盛の四大秘訣を教えます!! セラピスト誌に掲載されたサロン開業と運営の成功例と、そのためのノウハウを集大成した、サロン開業を夢みる女性を対象にしたムックです。
■ CONTENTS:「第1章　私らしい開業スタイルとは?」「第2章　私らしいサロンの育て方」「第3章　お客様を満足させるオリジナルメニューの作り方」「第4章　愛されるサロンに成長するために」
●セラピスト編集部　●B5判　●168頁　●本体1,700円+税

女性が幸せになるためのゼロから始める
サロンしたたか開業術

プチリッチな働き方で女性の成功を掴む! 「仕事だけじゃイヤ!」「でも家庭だけに収まるのもイヤ!」そんなワガママを叶えてくれる粗利600万生活。仕事とプライベートをバランス良く保ちながら、充実した人生を送るための「粗利600万」を確実に手に入れるノウハウのすべて。
●太田めぐみ 著　●四六判　●189頁　●本体1,300円+税

お客様を選ぶから お客様から選ばれる
癒やしサロン　美容サロンの成功バイブル

ゴッドハンド田中玲子が12万人を施術してわかった新たな美容ツボの厳密な位置を初公開。美点を的確に捕らえて、滞った場所を促し、循環の良い身体をつくのが美点の最大の特徴なので、本を見ながら美点をプッシュするだけでも、美容効果が期待できます。指先や、指の先端を使ったマッサージ方法、もみほぐしたり、流したりする技術、圧のかけ方、時間のかけかたなど、さまざまな技術がこの本一冊で習得できます。
●者:嶋えりか 著　●四六判　●192頁　●本体1,500円+税

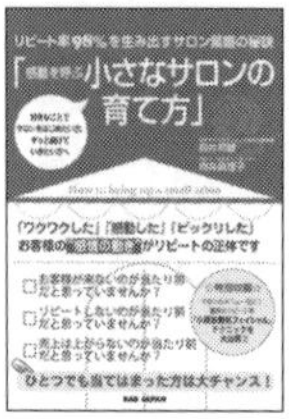

リピート率 98%を生み出すサロン繁盛の秘訣
感動を呼ぶ **小さなサロンの育て方**

「ワクワクした」「感動した」「ビックリした」お客様の“感情の動き”がリピートの正体です。お客様が来ないのが当たり前だと思っていませんか? リピートしないのが当たり前だと思っていませんか? ひたすら考えぬき、長年の歳月をかけ完成したリピートの仕組み。誰にでもマネできる方法をこの一冊につめました。
●向井邦雄、向井麻理子 著　●A5判　●234頁　●本体1,400円+税

グランプリサロンのエステティシャンが教える
繁盛サロンの技術 ・ 接客 ・ 経営術

ゴッドハンド田中玲子が12万人を施術してわかった新たな美容ツボの厳密な位置を初公開。美点を的確に捕らえて、滞った場所を促し、循環の良い身体をつくのが美点の最大の特徴なので、本を見ながら美点をプッシュするだけでも、美容効果が期待できます。指先や、指の先端を使ったマッサージ方法、もみほぐしたり、流したりする技術、圧のかけ方、時間のかけかたなど、さまざまな技術がこの本一冊で習得できます。
●セラピスト編集部　●B5判　●144頁　●本体1,800円+税